(1940—1962)

真实的雷锋

吴红梅 著

中央编译出版社
CCTP Central Compilation & Translation Press

图书在版编目（CIP）数据

真实的雷锋 / 吴红梅著 . -- 北京：中央编译出版
社 , 2021.3（2023.3 重印）
ISBN 978-7-5117-3556-0

Ⅰ . ① 真… Ⅱ . ① 吴… Ⅲ . ① 雷锋精神 – 通俗读物
Ⅳ . ① D64-49

中国版本图书馆 CIP 数据核字 (2021) 第 038625 号

本书使用的照片，除雷锋自己在照相馆拍摄而未作署名外，其他雷锋照片的拍摄
者为张峻、季增、周军。他们留下的这些十分珍贵的影像资料，可让后人真切地
感知雷锋。感谢他们！

真实的雷锋

责任编辑 杜永明
责任印制 刘　慧
出版发行 中央编译出版社
地　址 北京市海淀区北四环西路 69 号（100080）
电　话 （010）55627391（总编室）　　（010）55627319（编辑室）
　　　　　（010）55627320（发行部）　　（010）55627377（新技术部）
经　销 全国新华书店
印　刷 佳兴达印刷（天津）有限公司
开　本 880 毫米 ×1230 毫米　1 / 32
字　数 169 千字
印　张 9
版　次 2021 年 3 月第 1 版
印　次 2023 年 3 月第 3 次印刷
定　价 58.00 元

新浪微博：@ 中央编译出版社　　　微　信：中央编译出版社（ID：cctphome）
淘宝店铺：中央编译出版社直销店（http://shop108367160.taobao.com）（010）55627331

本社常年法律顾问：北京市吴栾赵阎律师事务所律师　闫军　梁勤
凡有印装质量问题，本社负责调换，电话：（010）55626985

写在前面

在中国，人人都知道雷锋，都知道他是一位无私奉献的楷模。但是，你知道吗，雷锋的人生是有设计的！

雷锋设计了自己的人生，并为自己所设定的理想执著努力，直至充分实现所有理想并成为家喻户晓的典范。

源于一次纪录片的拍摄，我有了近距离了解雷锋的机会，对雷锋有了全新的认识和发现，于是，雷锋这个名字和他完美而独特的人生也成为我脑海里挥之不去的印记。从此，我就像一位布道者，对见到的每一位熟识或不太熟识的朋友，几乎都要讲起雷锋和他成为模范之前鲜为人知的人生故事。这个身高只有一米五四的小个子士兵的精彩故事，给每一个听过的人都留下了太多的启示。

直到有一天，我遇到了一位著名的图书策划人，他很兴奋地告诉我："你说的是一个多么好的故事！这不仅仅对雷锋精神是一种符合时代需要的全新阐释，而且对今天每一位青少年都是一次极具现实意义的感召！为什么不把你的想法写出来，让更多的人从中受益呢？"

是啊，雷锋绝不仅仅是一个只知道做好事和无私奉献的政治楷模，他也完美实现了自己的人生规划。

在16岁小学毕业的时候，雷锋就为自己立下了与众不同的远大理想：他要做一个符合祖国需要的新式农民、好工人和好士兵，只要祖国需要，他愿意献出自己的一切！

由此，雷锋成为全校应届毕业生中唯一返回农村的文化农民，并且在此后短暂的六年生命中，逐一完美地实现了自己的理想，而且实现理想的过程是如此的精彩，以至于使他成为整个时代的先锋。

我还告诉那位策划人，雷锋虽然已经是一位四十多年前的"老榜样"，但是在今天看来绝对有新的现实意义，他的一生完全是一个自我规划、自我激励和自我价值实现的完美典范，每一个人都可以从雷锋身上感悟很多。

他说："把这些故事和感悟写出来与大家分享吧，我相信大家看了以后一定会有所收获。现在的洋励志榜样太多了，但是像雷锋这样有着现实意义的本土榜样少之又少。现代社会，学雷锋到底应该学什么？你不妨写出来抛砖引玉一番。"

在那位策划人的帮助下，我讲述我得到的故事和我的感受，众多专家学者点明其中的道理，于是，我们有了这本小册子。

吴红梅

2007 年 3 月

目　录

C 新式农民雷锋：新简历捕获新机遇

路都是自己走的，走上哪条路，人生就将展示出那条路上的风景。

但是，很多时候，我们每个人，都有因某种选择而带来的后悔、不甘、郁闷与焦急。雷锋也有呵……

D 望城县通讯员雷锋：在无我中放大格局

沸腾的生活好过，出头的日子其实难挨。人要是一门心思做点什么，干脆就两耳不闻窗外事，管他周围乱团团。

有人的地方就有是非非，就看你怎么去对待了……

E 鞍钢工人雷锋：格局决定人生高度

1958 年是一个变化比较多的年份。人民公社化运动中，雷锋所在的团山湖农场并入了五星人民公社，他又继续当了通讯员。但是，全民大炼钢铁一片火热，雷锋的心又要沸腾了。

人往高处走，水往低处流，要是有人不这么做，偏跟自己找别扭，那一定是有什么特别的想法了。雷正兴放弃通讯员身份，放下高工资，把名字改为"雷锋"，一心一意要去工厂当学徒。

F 想当兵的雷锋：为理想预热

从解放军开进简家塘那天起，雷锋的心里就有了一种强烈的当兵情结。这天，征兵的消息传来了，雷锋的激情又燃烧了起来。但是想当兵，先要过了厂里这一关……

G 要当兵的雷锋：把不可能变成可能

雷锋想当兵，是他的人生终极规划。但是身高只有 1.54 米，体重不到 50 公斤，想当兵根本不合格。可是，雷锋居然把不可能变成了可能。

H 当兵的雷锋：如何成为优秀的士兵

出头的椽子先烂，老祖宗早给后人留下话了。但是处处出头的雷锋，在部队里是越干越出名。

I 离开雷锋的日子

雷锋就像闪耀的星星一样，没有任何征兆地离开了他所热爱的战友们，但是他的影响力却越来越大……

附　录

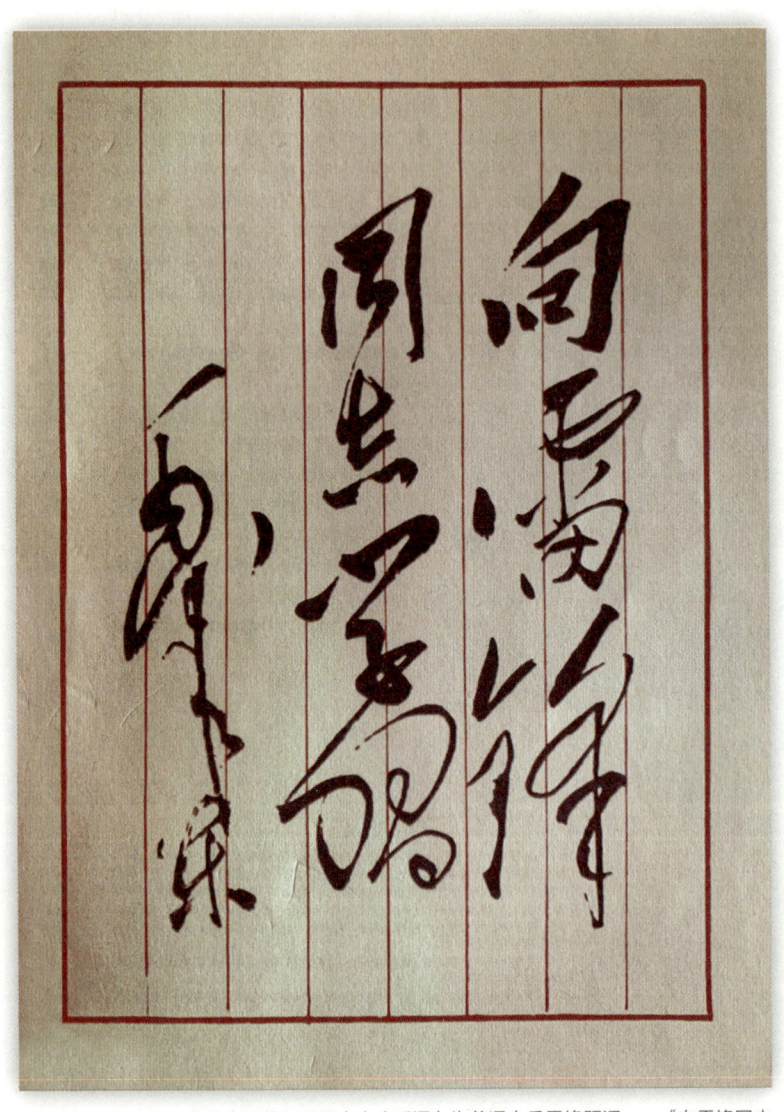

1963 年 3 月 5 日，中华人民共和国国家主席毛泽东为普通士兵雷锋题词——"向雷锋同志学习"，并首次在《中国青年》杂志第 5-6 期合刊发表。这是原版手迹。

序　言

2020 年的特别，让所有人都记忆犹新。

在这场全世界都逃不脱的亘古未见的疫情面前，人们的各种心态尽显无余。一时间，恐慌、迷茫、逃避、懊悔、怨气……弥散到了整个世界。

更多人只是在不安中思考自己。

可很少有人探究，究竟是什么导致了这场蔓延全球的灾难的爆发？人们又该如何从根本上应对？

一、60 年前的"超级 IP"

看到现在那么多的网红，让人不由想到了 20 世纪中国最红的一位榜样——雷锋。

20 世纪 60 年代的中国，成名不像现在这么秒速，能成名的人往往不是自己有意愿就能达成，还需要有很多因素。雷锋就是凭着那么多现代人难以想象的因素，从穷苦赤贫的孤儿成长为新中国著名榜样的典型，成功地实现了华丽的转身。在雷锋短短 22 年的人生中，他过得努力而充实，他踩着当年中华人民共和国刚成立后全国百废待兴的鼓点，把自己的全部身心都融入火热的国家建设大环境中，一路上像现代游戏中的"升级打怪"一样，一步一步达成了自己的目标。

事实上，在他小学毕业典礼的发言中，看似随口立下的理想，不但全部实现，而且让他完全没有料到的是，他只问耕耘的奋斗过程中，所造成的影响力远远超过他的预期，荣誉来得一次比一次大、一次比一次多、一次比一次澎湃，在当年那个信息还不够发达的年代，雷锋用自己只问耕耘的思想，无意中把自己打造成了一个"超级大 IP"。

雷锋得到了中国国家领导人的题词，中国权威的青年刊物《中国青年》合刊报道开国领袖们为他的题词，并刊出载有雷锋日记、诗歌、文章等的专辑。1963 年 3 月发行的这个合刊，印刷量达到 300 多万册，加上全国各地用不同方式加印的内容，达 800 万册。其他国家众多媒体也对雷锋的事迹作了长篇、连续的报道。从 1963 年开始，每年的 3 月成了全国学雷锋月，每年的 3 月 5 日成了学雷锋日。如今几十年过去了，雷锋成了热心公益的志愿者的代名词，3 月 5 日也成了中国青年志愿者服务日。

二、雷锋有什么缺点

和今天很多网红类似，雷锋同样也是年少成名。几十年前就已经成为新中国道德楷模和人生榜样的雷锋，对于今天的人们来说，还有没有深入学习的必要？很多人甚至对于雷锋一言一行的真实性有质疑。

2006 年，作为纪录片编导的我，为了做关于雷锋照片的纪录片，采访了当时所能采访到的和雷锋接触过的上级领导、同班的战友、给雷锋拍照的摄影师、雷锋辅导过的小学生、几十任雷锋班的班长、演过雷锋的演员、制作关于雷锋电影的编剧和制片人、雷锋纪念馆的馆长等诸多与雷锋相关的亲历者。

采访时，我们是带着质疑的心态去探寻雷锋的生活和工作的。因为赞美雷锋的话听得太多，当时我见到每一位认识雷锋的人都会问同样的问题：人无完人，雷锋有什么缺点？

唯一例外的是，这个问题会让这些被采访者思考很久，最后给我的答案是：实在想不出雷锋的缺点。如果必须找缺点的话，那就是雷锋特别爱美。大家知道，部队是不让战士头发留长的，留刘海是不允许的。雷锋喜欢留刘海总是偷偷把刘海藏到帽子里，舍不得剪掉刘海。也就是说，在这些见过雷锋的各行各业的人中，雷锋是一位热爱生活的年轻人，而且总是设身处地为别人着想。在大家眼里，雷锋几乎是个找不出缺点的人。

三、从孤儿到共和国楷模的华丽转身

别人眼中这位"高、大、上"的雷锋,他看自己的眼光非常客观。从他留下的日记、诗歌、文章、笔记以及三百多张照片可以看出,出身于1940年的雷锋,在1949年新中国成立前,生活在社会的最底层,一贫如洗,尝尽了人间冷暖,他的一家四口死于非命,他自打童年起就成了一个孤儿。

当新中国的解放军部队进驻雷锋家乡时,雷锋的生活才发生了翻天覆地的变化。从一无所有,到新中国分给了他房子、田地、生活必需品,还免费送他到学校读书,这样的经历对于仅仅十岁的小雷锋无异于是从地狱升到了天堂。所以,他特别感恩新社会,感恩给他带来幸福生活的毛主席、解放军,而且认为解放后他也有了家,他的家就是国家。

这段苦难的经历,反倒让雷锋把自己思想的格局放大,家的概念从小家上升到了大家——国家。这种世界观一直伴随着雷锋的一生。雷锋就这样完成了在一个大历史背景下和社会发展过程中对于自我的定位,并秉承自己的定位,甘做一颗"螺丝钉",而他所信仰的这种"螺丝钉"精神为他提供了一个广阔的发展天地。雷锋无意间完成了一个个体生命在宏大历史中的准确定位。

人与时代同频、同振,自然就会发生共振现象,人顺风顺水,时代自然风生水起。雷锋恰恰有一种激情满怀、全身心投入奉献的情怀,哪里最需要他就去哪里的精神意识,一直引领着雷锋不断进取。他只问耕耘,无暇其他也无意于其他,所以雷锋秉承要做"革命螺丝钉"的理想,无论做什么,都做到了极致。雷锋没有刻意追求功名利禄,但是他后来得到的荣誉对于一位普通士兵来说,却是至高无上的。所有的荣誉,都是这种极致的自然衍生物。

因为人品好、厚道、全心全意地把事情做好,更容易得到别人的认可,自然也就容易得到别人的帮助,从而人生的正路就走得更长、更远、更顺、更久,这样,想不成功都难。

世界上没有一件事是偶然发生的,每一件事的发生必有其原因。

四、让每个人了不起

现实社会，我们最关心的问题是如何健康成长、如何改变命运取得成功？雷锋的经历也回答了这个问题。

让我们重新把雷锋回归到一个普通人而不是一个榜样的角度来看。作为孤儿，父母在他关键性成长的 7 岁以后是缺失的。很多人命运再惨，惨不过雷锋。然而人生到了谷底，正赶上了新中国成立的好时候，雷锋一路努力，把自己这手"烂牌"打出了"彩"。而雷锋成功扭转自己命运的法宝其实很简单：心地善良，天赋聪慧，再加上精益求精而走向的极致。

《了凡四训》是 400 年前一位普通的父亲写给自己儿子的人生指南，是希望把自己走的弯路告诉后人，希望后辈子孙可以避免坎坷，顺利地度过一生。书中有句话："命由我做，福自己求。"意思就是，每个人的命运都是自己造作而成的，每个人的福报和成功，也是自己通过努力地追求而得到的。雷锋的成功和这句话不谋而合。

自古以来，从儒、释、道到我们现在的共产主义理想，直到实现人类命运共同体的共同发展，所有大目标都需要我们每个个体的共同发愿和努力。每个人的能力和潜力都是无穷大的，每个人都有可能了不起。学雷锋学什么？就是学如何让每个人了不起。

五、善到极致就是美

人，只有在心态放松的情况下，才能进入最佳状态，取得最佳成果。任何心态上的懈怠、急躁，都不会收获真正意义上的善果，甚至适得其反。

所谓的无念，并不是心里头一个念头也没有，而是有念头但不让更多的杂念驻留，正所谓"无所住而生其心"。这个念头是什么呢？从雷锋持久成功的根源来看，那就是善念和善行。感恩就是善念，无私助人就是善行。它使得雷锋的心中只有感恩之念、助人之举，因为自己就是被解放军和国家相助，才赢得生存境况的大转折。因此，善待他人、助人为乐，在雷锋来说，是感觉加天赋慢慢在内心积淀而成的，是持续不断的，这样，急功近利、大红大紫、付出就要回报之类的杂念，如何会在他的心中留存？

现代社会已经不再处于雷锋那个物质匮乏的时代了。可是在物质充盈的时代，行善到极致、勤俭到极致、淳朴到极致，依然是人类共同倡导的美德。几十年来，雷锋的光辉和他带给人们的温暖一直没有消失过。闪现着人性光辉的雷锋一直被人们提起、膜拜，说明人们非常需要雷锋这样的楷模。

雷锋的精神是人类共同的财富。雷锋式的人物总是被很多人推崇和爱戴。比如：每到发生灾难就冲在前面的志愿者、默默捐出巨资支援救灾的爱心人士、生活中靠收废品培养贫困学生的老人……重人情轻物欲的，倡导低碳生活的，这些都和雷锋精神不谋而合。与其说雷锋是作为政治楷模被人广泛认知，还不如说雷锋身上这种人性的淳朴更值得我们追念和践行。

古代中国人对于有口皆碑的善人，都专门有善书记载。这种善是中国人崇尚的美德，也是人类共同的美德。雷锋这位善人的善行，带给我们善的力量，全社会如果都善行到每个生命体，那么像2020年这样的疫情就会没有立足之地。

爆火的网红还在被人们唏嘘感慨命运的不可思议，已经成为新中国道德楷模的雷锋还会被人们不断记起。人们对生活目标的追求，经历了从物质匮乏到丰盈的转变后，开始在精神上追求、沉淀。很多人已经意识到，消除人类的劣根性，应该从自己做起。

物质脱贫与精神追求，应该是相辅相成的，精神的丰盈、高尚，才是真正的富足，才是人类文明的方向与目标。

善待每个人，善待环境，感恩自然万物，只做好事，只问耕耘。你若心存善念，人生就会开出灿烂美丽的花。

这是雷锋给我们的启示，感谢雷锋！

2021年1月4日星期一

（摄影 周军）

A

孤儿雷锋：把苦难转化为感恩

老话说，三岁看大，七岁看老。

雷锋七岁以前，除了苦，似乎还看不出什么来。

但是，这些儿时的苦难却成为他成长之路上的一大财富。

时间

1940 年 – 1949 年

1940 年雷锋出生的这一年，是中国现代历史上很苦难的一年，整个中国抗日战争进入最艰难的时刻，雷锋的童年时光是从抗日战争最艰苦的时候直至新中国成立前。

家庭成员

父亲：雷明亮

母亲：张元满

兄弟：哥哥 弟弟 雷锋

经济状况

赤贫 房无一间 地无一垄

父亲靠租种地主土地养活全家 全家五口人先后去世四口

关键词

苦难. 感恩 积极向上

1. 苦难的经历

1940年12月18日（农历十一月二十），雷锋出生在长沙西北部的望城县（今长沙市望城区）简家塘一户普通农民家。

这年中国大地兵荒马乱，生灵涂炭，民不聊生。日本军队逐步深入，北方大部分地方都被日军占领。雷锋的家乡湖南长沙地区，成为中国抗日最前线，长沙成为日本打通大陆交通线最重要的争夺地之一。1939年到1944年间，中国抗日军队和日本军队在长沙进行了四次战斗，这就是历史上有名的"长沙会战"。雷锋出生的这年，长沙还经历了一场旱灾。

这户姓雷的人家新添的男孩排行老二，上面还有一个男孩。因为是农历庚辰年，按当地风俗，雷家为这个孩子取了一个乳名：庚伢子。

家添新人，应该高兴啊！可是在那样兵荒马乱的年月，一个靠租种地主家的土地为生的佃农家，又赶上那年一场罕见的大旱灾，家里穷得都揭不开锅了！但新生命的降临毕竟带来了一份希望，为了盼着家业振兴，父亲就给刚刚出世的儿子起了个大名——雷正兴，希望在这个孩子身上能看到雷家有兴旺发达的一天。雷正兴的名字一直用到他18岁离开家乡去鞍钢之前。

这个庚伢子雷正兴，就是日后新中国最知名的士兵，整个国家的道德楷模——雷锋。多位国家领导人为他题过词，为他第一个题词的是当时新中国的国家主席毛泽东，也是他的湖南老乡。

全国所有媒体都有关于他的报道，关于他的生平事迹的书籍有700多种，他的照片与他湖南老乡毛泽东主席的照片被评为全球影响最大的10张照片。

而当时，庚伢子雷正兴的出生并没有让雷家兴旺发达。

庚伢子雷正兴的父亲叫雷明亮，曾经在1926年参加过毛泽东主席发起的湖南农民运动，加入了农民协会，打过土豪，并做过自卫队长。虽然是一家之主，但是雷明亮身体不好，大革命失败后，雷明亮为了保全自己、免遭迫害，到了长沙，为盐号打短工，伤病发作，被老板辞退，只好回乡成为唐姓地主的佃农，后因病而死。

庚伢子雷正兴的母亲叫张元满，是从育婴堂被送到雷家当童养媳的。张元满心灵手巧，擅长女工。本家亲戚说，庚伢子雷正兴和母亲的脾气、性格很像。

年幼的庚伢子生在这个穷得叮当响的家里，受尽了苦难。五岁时，他死了爹，六岁时，哥哥为人做童工劳累而死，弟弟也生病离开了人世。一连失去了三个亲人，雷家只剩下庚伢子这棵独苗。

为了保住唯一的儿子，雷妈妈靠讨饭和给别人打短工过日子。在去给一个唐姓地主的女儿做嫁妆时，心灵手巧的雷妈妈遭到了唐家少爷的凌辱，待逃离唐家时，已经怀了孕。在那个封建年代，一个寡妇怀了身孕，传出去是天大的事情。不堪受辱的雷妈妈于1947年农历八月十五晚上，在自己家中悬梁自尽了。

一夜之间，七岁的庚伢子成了孤儿。七岁之前的庚伢子除了受苦还是受苦，还看不出有什么惊人之举，但是这些苦难的经历成为成就他的最宝贵的财富，并在他后来一路开跑的人生中，起到了至关重要的作用，因为他的苦难经历，使他与很多人有了共鸣，从而很快拉近了他和周围人的距离。这是后话。

顷刻间，庚伢子成了孤儿，穷家孤儿的生活可想而知。

为了生活，庚伢子小小年纪就上山砍柴。他还给地主当过小猪倌，每天睡在猪圈里的稻草上，三更天就要起来去喂三十多头猪，然后要做很多大人才能做的活儿——烧猪食、清理猪圈、打扫院子、后厨帮忙，晚上还得给主人们打洗脚水、关院门、看院子。为此，他常常错过了吃饭时间，只能偷偷地抹一把猪食在嘴里。稍有不慎，就会挨打受骂，有一次庚伢子甚至被打得奄奄一息，差点丢了性命。

如果不是共产党、解放军，庚伢子肯定不知道，人间还有"快乐"二字！

手记 / 1

人生最珍贵的财富：从原生家庭的苦难转变而来

引用心理学家卡德勒的话："其实生命当中有一个最为不幸的事实，就是我们遭受过的重大磨难大多数都来自自己的原生家庭……"

每一个人的成长都会有原生家庭带来的烙印，这种烙印并非完全是坏的。

有些人从小就会在家庭当中收获足够的温馨、依恋和爱。而有些人有可能在成长中遇到的是缺失、孤独和冷漠。而这些烙印，会伴着每一个人的终生成长。

从穷苦家庭中出生甚至惨到沦为孤儿的境地，如何把这些原生家庭的痛苦烙印变成生命中积极、阳光的财富？雷锋是一个非常难得的案例。

雷锋的原生家庭给他带来了少有的苦难。成为孤儿、心理上遭受不堪的凌辱、身体上经历忍饥挨饿的煎熬……这种影响和无望的人生因为外界环境的变化，使得雷锋的人生轨迹突然发生了翻天覆地的变化。这个时候的幼小的雷锋还需要经历身心的调整。

雷锋的方法是很快把旧社会的苦难通过倾诉（批斗地主大会）、仪式感的告别（用文字写成苦难家史）等方式，开始积极地转化为自己的人生财富（苦难家史成为他后来人生道路的重要工具）。这个过程，雷锋完成得迅速而精准。他总是能很快地投入到自己人生不断升级的每一个阶段中。

原生家庭的苦难，让雷锋拥有了感恩的心态，能坦然面对各种所谓的逆境（因为他已经拥有极致苦难的原生家庭经历）。对雷锋来说，由于被解放军和毛主席从地主压迫和剥削的火坑中救了出来，从而彻底铲除了昔日那种苦难的环境和根源，因此，以后可能遇到的再苦再难的任何逆境，就都能在他的努力下坦然面对、积极转化了。转化的方式是，他要报答这种救命之恩，他要对别人施以微笑的脸、暖心的手、助推的行动。

这样想想，雷锋的人生是不是值得我们每个人借鉴？

　　一个普通人如何清零过去，变苦难为正能量，一步一步走向越来越好的未来，雷锋为我们做了最好的示范。这个过程也就是佛教所说的化烦恼为菩提。雷锋把苦难变成了他最好的人生导师，把苦难转化为生活和奋斗的动力。更难能可贵的是，苦难还让雷锋更知道感恩，虽然没有了亲生父母，没有了家，但是他又找到了他认为的更好的母亲——共产党，和更大的家——新中国。雷锋的个人感情和人生格局，因为他这样的思想，变得更大、更开阔。为了获得别人接纳，他需要付出的努力会更大，孤儿雷锋的人生从此一路开拔、一路创造奇迹。

　　雷锋参军后，他一篇口述文章的标题《解放后我有了家，我的母亲就是党》，充分表明了他的心路历程，他认为自己的家就是"国家"，母亲就是这个成立国家的"党"，是这个新的母亲让他又有了家。把对自己成为孤儿之前对家人的小爱，转化成了对于国家和"党"这个母亲的大爱。所以他在解放后的新中国这个大家庭，愿意帮助任何需要帮助的人，因为他认为在新社会所有人都是家人。

　　新社会带给他的幸福感，一直影响着雷锋，他用行动践行着他的这种世界观，而且，他做起来真纯自然，没有任何刻意的痕迹。于是雷锋的爱在逐渐升华，直至成为对社会的大爱，他也就由小我变成了大我。

　　体会了这些，也就不难理解，为什么雷锋后来的行动都是围绕党的需要而来，虽然这些行动还不是什么高大上的行动，全部都是各种琐碎小事。

　　小雷锋的成长正是因为他这种逐步积累的惊人的内驱力，继而成为了强大的正能量，这在他日后的经历中都一一显现。我们记住这些词，可以接着从文字和照片里去验证，你会看到一个可以贴很多正面标签的雷锋：勤奋的雷锋、奉献的雷锋、自信的雷锋、快乐的雷锋、时尚的雷锋、热爱生活的雷锋、宽容有格局的雷锋、精神富足的雷锋、财务稳定的雷锋、荣誉找上门的雷锋、不断输送正能量的雷锋……

2. 失小家得大家

1948 年 9 月，庚伢子的湖南老乡毛泽东主席领导的人民解放军开进了简家塘。

被穷苦压迫得喘不过气来的穷人们突然发现：世界大变！

在村里，解放军士兵竟然会为人们挑水、劈柴、打扫院子。这一大环境的变化，让年幼的庚伢子充满了新奇和喜悦！

庚伢子一天到晚就喜欢往这些解放军哥哥、叔叔跟前凑，看着解放军出操、训练、喊口号，人家干活，他也在一边跟着打水、送茶、摆地图、擦手枪。最多的时候是去缠着人家，要参军，要给死去的亲人报仇！无奈啊，部队可不能收这么小的孩子当兵。不过连长告诉他：在家门口也能做革命工作。

军是一时参不上了，但是连长的亲切、解放军的威武，深深地印在庚伢子的脑海里。庚伢子去参加了儿童团，很快就当上了儿童团长，跟在农会的大人们后面，又是斗地主、分田地，又是开仓分粮分物，很积极！

土地改革时，一次地主斗争大会，一眼看到不让村里人上山砍柴、还用柴刀砍伤了自己的地主婆，庚伢子猛然间冲上台去，无比悲愤地向乡亲们讲起了他的苦难家史，会场上所有的人都声泪俱下。

这是庚伢子第一次在那么多人的场合诉说苦难家史，而因为庚伢子的这一突然举动，那次的斗争大会不得不改变了程序：从庚伢子第一个上台诉苦开始。

当时还是庚伢子的雷锋就有这样的能量，他的苦难家史让他积压在心里的委屈和悲愤得以倾诉，他的苦难引起了大家的共鸣。中国传统重情重义，所有道德规则制定也会参考"情"的成分，庚伢子的苦气场相当强大，参加斗争大会的乡亲们都被他感染。这些苦难经历日后对于雷锋起到至关重要的作用，每到他人生的关键时刻，苦难家史都会为雷锋赢得同情、打开一路绿灯。

"土改"中，庚伢子分到了600斤谷子、2.4亩稻田和两间半茅草屋以及床、蚊帐、锅、箱子等生活用品。他终于不再一无所有，有了一个自己的家，过上了开心的日子。

这一年，庚伢子十岁。

这一年，还发生了一件让庚伢子意想不到的好事。

手记 / 2

真诚随和：融入环境有技巧

适当的时候要懂得用合适的方法赢得大家的帮助。当时的小小孩庚伢子无意识间流露的天真淳朴，赢得了大家对他的同情和关爱。他的这种自发而极富感染力的情感爆发力帮了雷锋很多忙。日后，每遇大事，相关人士都被他的淳朴真诚所感动。真诚打开了很多人不敢轻易开放的心扉，而开放是相互的，于是，别人自然也就对雷锋开放了自己，大家不把他当外人看、当朋友亲人看，于是，雷锋轻松地融入了环境中，这就是真诚不其然而来的后果。所谓真诚是把剑，指哪儿，哪儿中，说的就是这种情形吧。

他还能随时在现有的环境里找到自己的位置，干脆利落，从不拖泥带水。这种能力除了天赋，也有后天培养的适应力。

小小的庚伢子，无父无母，不但不拘束自卑，反而能迅速融入新的环境，并很快和大家打成一片。这种能力就是放到今天，都值得我们学习借鉴。

B

学生雷锋：不做书呆子

有谁能事先描画出自己以后的人生道路？
雷锋后来走过的人生路线，
竟然与他在小学毕业时所说的一番话，
完全重合……

时间

　　1950 年 7 月—1956 年 7 月

背景

　　雷锋在新中国，有了新家，这个新家就是国家。土地改革后，雷锋分到了一些生活用品和 2.4 亩土地、两间半茅草屋，终于有了一个家。尚未成年的雷锋与六叔奶住在一起，他分到的地由堂叔代种，后来由生产队互助组代耕。1955 年夏天，在农业合作化运动中，雷锋主动把"土改"分到的地全部入了社。全国各地陆续成立农业合作社，国家建设百废待兴。

关键词

　　口才好　多才多艺　热情　机灵

1. "鬼点子"专家

1950年夏天，经乡政府研究决定：送孤儿庚伢子去小学读书，免费。

开学那天，乡长彭德茂亲自送庚伢子去了学校，并在新生登记簿上写下了庚伢子的大名：雷正兴。

雷锋是新中国典型的"生在旧社会，长在红旗下"的典型人物。他非常珍惜上学的机会，在日后的忆苦思甜大会作报告时，他多次提到这段影响他一生的经历：如果不是新社会，他一个孤儿做梦都想不到，有一天还能走进学校的大门，因为那个时代能上得起学的，都是有钱人家的孩子。后来讲起自己的童年经历，他经常挂在嘴边的就是：要不是新社会，根本没有我的今天。所以，从小就特别懂事的雷锋，非常感恩给他这样机会的新中国。后来，他的这种感恩思想化为行动，逐步回馈，影响了周围甚至全中国的很多人。

雷锋上了六年学，一共换了五所学校，但是不管在哪所学校，他都过得充实而快乐。那时候能上小学，就相当于是乡里的知识分子了。雷锋每天上学从家里到学校有十多里路，来回要二十多里路，他每天起早贪黑去上学，回到家还经常要自己做饭洗衣服。

中华人民共和国成立前经常挨饿，雷锋有胃病，由于营养跟不上，他的身高体重和同龄的孩子比都要小，以至于到成年后，

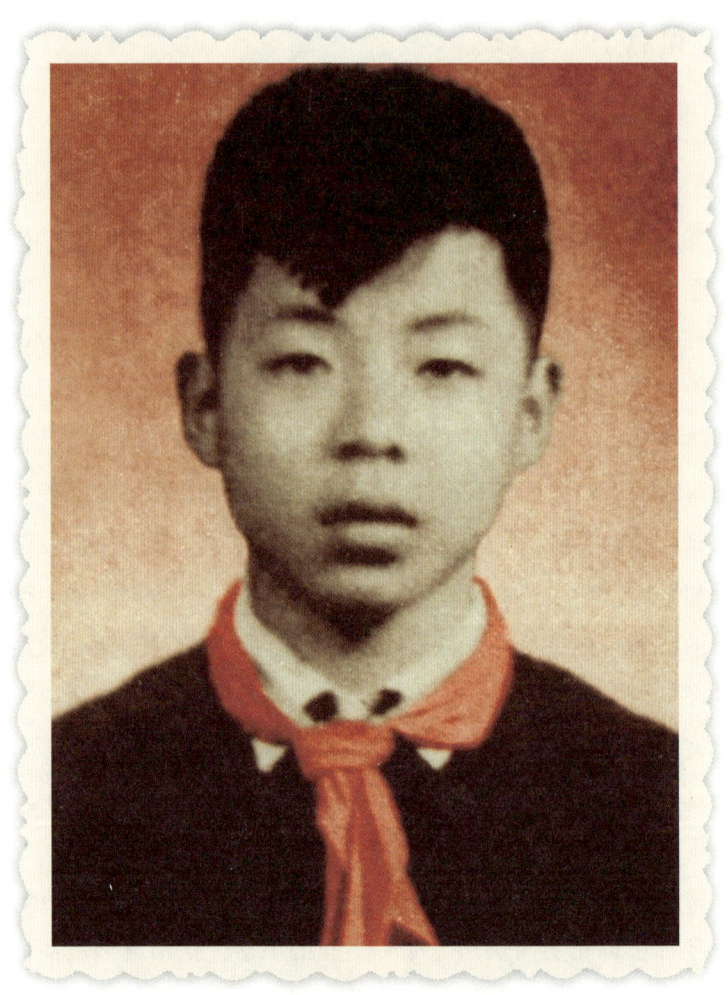

图一　1954 年荷叶坝小学学生雷锋加入少先队员时的留影。

他的最高身高也只有1.54米。这样的身体状况，后来在他想参军时，体检过不了关，差点儿影响了他当兵理想的实现。

雷锋学习成绩一般，但是老师和同学没有不佩服他的。

学唱歌、学跳舞、学普通话、参加演讲比赛甚至搞"小科研"，学校和班级组织的任何活动都少不了他，学校外的公益活动，他也都积极主动去帮忙。

说起这个小家伙，每个人嘴里一定会有那个词：活跃！

只要有能表演的机会，雷锋都会想办法参与。如果有人说雷锋不行，他就会跟你急。一次学校要组织重要的一个集体活动腰鼓队，起初老师因为他个子太矮，没有选他。雷锋很着急，就向老师主动要求，终于得到了这个机会。后来他成为腰鼓队最活跃的分子，每次校外活动，人们都会看到一个特别显眼的小不点儿，背着一面大大的皮鼓，精神抖擞地走在队列中。

本来不是雷锋的事，只要找到他，他也会非常努力，表现甚至能超过别人的预期。

有一年学校庆祝国庆，要排练节目，当然这个时候少不了雷锋。有个哑剧《小渔夫》在临近演出的时候，突然一位演小渔女的同学不想演了，因为剧情是一出小渔女被日本兵凌辱的戏，演起来太难为情了，一时间找不到愿意演的同学。老师想到了雷锋，想让雷锋男扮女装试一试，觉得他长相清秀，也演过其他文艺节目，还是学校文艺队的骨干。只有两三天时间就正式演出了，雷锋排练非常投入，老师心里放心不少。没想到正式演出那天，雷锋演出的轰动效果更是老师没有想到的。等演到一队日本兵对小渔女施暴的时候，雷锋演的小渔女愤怒极了，拿着手里的长篙拼命向日本兵打去。观众也被雷锋扮演的小渔女感染，纷纷喊："打死那个日本鬼子！"小渔女眼睛都红了，一把鼻涕一把泪，拿起家伙真的打起了那个演日本兵的演员。排练的时候没有这个剧情，日本兵也慌了，捂着脑袋向后台跑去，雷锋依然不依不饶追着打。老师一看他演得太入戏了，赶紧喊停。雷锋这才缓过神来，号啕大哭起来，他告诉老师，父亲就是被日本兵害死的。台下的观众不知道后台状况，纷纷叫好。等演出完了谢幕的时候，报幕员把刚才的情况说了一遍，台下立刻掌声雷鸣，这场演出获得意外成功，这场演出让雷锋在学校出名了。以后，在小学的每次演出中，雷锋几乎都登台出场。

机灵活泼的雷锋还喜欢动手做一些手工，集体活动都很积极。他学过如何在木头上刻章，主动要求参加学校组织的研制矿石收音机攻关小组。研制收音机需要经费，雷锋就到处借钱，成为捐款最多的学生，没有图纸资料和零配件，他就和同学们步行六十多里路，到长沙取经学习，收音机做好以后，作为礼物向党的"七一"生日献礼。这个可以直接听到毛主席声音的成果，被雷锋捧上了大礼堂的舞台。

当年的小学校长张仲明回忆，雷锋由于表现突出，1954 年 8 月成为第一批加入中国少年先锋队的少先队员，戴上了标志性的红领巾。1953 年 6 月，"中国少年儿童队"改为"中国少年先锋队"，1954 年 6 月 1 日正式发布了《中国少年先锋队队章》。雷锋就是 1954 年入队的，所以雷锋是新中国第一代少先队员。

图二 1955年"六一"儿童节，雷锋担当大鼓手（左一），这时的雷锋是学校的文艺骨干。雷锋在学校有个外号叫"浮头鱼"，就是因为他活泼、热情、开朗的性格。这个外号非常形象。

除了正规的功课，雷锋无论是参加文艺活动还是科研活动，都积极活跃。

这些活动其实就是我们现在的所谓素质教育。现在很多家长给自己孩子报各种各样的班，培养孩子兴趣，是非常有利于孩子的发展的。但是，有的做家长的，对孩子提出很多要求，比如：每逢考试目标必须第一、必须入名校，为了孩子的未来不惜巨资购买学区房，理由是不能让自己的孩子输在起跑线。如果从几十

图三 少先队员雷锋。

年前雷锋的经历中，大家能悟出些道理，就不会在对于孩子教育上持有现在这种有点过头的观点了。

雷锋样样活动都参加，但是学习成绩不是拔尖的。反而因为他经历了童年的苦，更懂得感恩和珍惜来之不易的机会，善待老师同学，积极努力，从而有了更多展示自己的机会。

其实每一个人都是独特的，每个人的人生道路都不可复制，不一定按照一个模式去发展。如果根据每个孩子的特点去引导，或许是更有积极意义的做法，老祖宗两千年前就说过："因材施教"。看来，素质教育不是新东东，只是不少人没留意、没想明白罢了。

1955年下半年，国家提出要在五到七年内基本扫除文盲，要让生活在新中国的人都识字，要求农村的文盲最起码要认得并能写出本人的姓名、本村本乡的地名、合作社名以及种地用的工具名等几百个字。

安庆乡也要扫盲，但是因为去夜校教书会花费很多时间，学校老师和学生没有人主动报名的，当时还是五年级的学生雷锋听说了，自然跃跃欲试，他第一个向彭乡长毛遂自荐做扫盲夜校的语文教员。

彭乡长当然高兴了，因为知道雷锋语文学得好，他教语文还叫了数学好的同学来夜校教数学。雷锋为了教会这些斗大的字也不识一个的乡亲们，他想了很多办法。

开课当天，乡长、校长同来压阵，但乡亲们见来讲课的"老师"是个比讲台高不了多少的小娃儿，还是不免先笑了起来。看着大家都笑了，雷锋似乎一点也听不出那些笑声的意思。

他先有板有眼地讲了一下来学习的要求和准备，开场白讲过，转身在黑板上写下了"毛主席万岁"五个大字，然后感情充沛，含着热泪，对大家说这几个字的意思。刚刚参加了农业合作社的乡亲们马上不笑了，这几个字真是大家想说的心里话，于是雷锋开始教大家一笔一画地开始写、开始读。来上课的人都跟着雷锋大声读了起来。很快，大家就学会了。

乡亲们都特别佩服雷锋。他不看课本，也不看资料，其实本来就没有什么现成的教材，完全要靠"老师"的现场发挥。

教大家常用字，他可有绝的。看到李一婶，他就在黑板上写下一句：李一婶插秧，一天八亩。种地的人都知道，一个人就是累死，一天也插不完八亩地的秧。于是，整个教室里哄堂大笑。等大家笑过之后，雷锋一问，所有的人竟然很快就记住了这几个字。

就因为雷锋"鬼点子"多，他一来夜校，大家也都争先恐后地来听。笑声不断，又能认不少字，这种课上得轻松愉快。

雷锋在夜校教书，要花费很大工夫，因为白天还要在学校上课，上完课还要赶到夜校去教乡亲们识字。

由于在夜校教学成绩突出，还发明了顺口溜教学法，来雷锋所在夜校学习的乡亲们都认识了不少字。几个月夜校教学下来，雷锋口才好，脑子灵，懂得因材施教，所以表现突出，被望城县评为了扫盲"模范教员"。这是他平生得到的第一次县级奖励。这次夜校教学非常成功，不但得到了奖励，雷锋还在公众场合锻

图四 1956 年 7 月雷锋（右五）所在的荷叶坝现完全小学第一届第一班高小毕业生合影。

炼了组织能力和口才，收获特别大。

雷锋小学毕业那天在全校师生面前的表白，更加让老师和同学们终生难忘，大家一下子记住了这个貌不惊人的小不点儿同学。

手记 / 3

换位思考：想他人所想

很多人总是对于别人取得的成绩羡慕不已，却很少有人知道别人为此付出了多少。

雷锋的每一点进步都比别人要付出得多，孤儿雷锋每取得一点点进步，都是通过他自动自发的努力。一个起点低到尘埃、一贫如洗、没有任何背景的普通少年是如何逆袭，成为日后红遍中国、闻名世界的道德榜样呢？

雷锋能得到大家认可，与他总是设身处地站在别人角度想，也就是当下所谓的换位思考的思想是分不开的。他总是为他人着想，想着自己如何能有效地帮助别人。成为模范教员就是这个优点的充分展示，一个十几岁的少年，能耐着性子在夜校教半个月的识字课，确实难能可贵。这项他主动要求的社会活动，为他的人生加分不少。雷锋学习成绩一般，但并不代表贡献一般，他是典型的活学活用人才，所以得到了大家的一致称赞。

不管别人说什么，雷锋总是揣摩别人需要他做什么。

永远为他人着想，这是他难得的品质，也是这种利他思想和经常的换位思考，让雷锋在日后的人生路上结了很多善缘。

因缘和合，成就了日后的雷锋。想有独特的表现，就要有独特的眼光。雷锋就是这么独特。

换位思考，带给雷锋的是帮助别人的机会、提升能力的锻炼、施展才华的环境、融合发展的舞台。雷锋，因换位思考而日益从小我走向大我、小格局走向大格局、小天地走向大世界。

2. 毕业宣言

1956 年 7 月，荷叶坝完全小学举行毕业典礼，雷锋也是毕业生中的一员。

校长、班主任、教师代表、学生代表一个接一个上台讲话，有说祝愿辞的，有致答谢辞的，也有念决心书的，会场气氛非常热烈。

就在主持人要宣布典礼结束时，没有安排发言任务的雷锋忽然跑上主席台，抢过话筒大声地向大家宣布了自己的一个决定：毕业以后要去当一个"新式农民"！

成绩虽然不是最好，但也是一块念书的好材料啊。谁也没有想到雷锋会做出这样的决定，会场一下子变得非常安静。

雷锋说，当"新式农民"是为了报答让他脱离苦难、过上幸福生活的毛主席、共产党，还有新社会，也是响应县委正在提倡的，向回乡"新式农民"养猪模范冯健学习的号召。

雷锋发言的声音有点像朗诵：

我决心做个好农民，争取驾起拖拉机，耕耘祖国大地，建设社会主义新农村。

将来，如果祖国需要，我就去做个好工人，为我国的社会主义工业化建设出把力。

将来，如果祖国需要，我就参军做个好战士，用自己的鲜血和生命保卫我们伟大的祖国。

同学们，让我们在不同的岗位上竞赛吧！

老师们，请你们看我的实际行动吧！

第二天，雷锋还写了一篇文章，更清晰地描绘了他的宏伟目标。文章被公布到黑板报上，几乎占据了整个版面。一时间，雷锋的毕业选择，成了荷叶坝完小最热门的话题。

那一年，有三十多位同学选择了升中学，本来有可能上中学的雷锋，回到家乡简家塘村，当上了一名记工员。雷锋是荷叶坝完全小学唯一选择去做农民的高小毕业生。

雷锋为什么能做出这个惊人的决定呢？他还是受到了当时大环境的影响。

1956年，中国的农村正处在社会主义改造的大变革时期，国家很多政策倾向于农村的发展。当时农业合作社刚刚成立，国家号召有高小文化程度的毕业生回到农村这个广阔天地，支援社会主义新农村的建设。

雷锋所在的安庆乡政府也希望能有高小毕业生回到农村参加农业生产，因为当时乡里有文化的人很少。安庆乡有五个生产队，只有一个人能读报纸，这个能读报纸的人，还是富农的儿子（当时按照阶级成分划分），想找个会计和记工员都找不到。因为富农属于成分不好的阶层，只有贫农出身又有文化的人，才是乡里真正想用的人才。在国家的宣传下，农村成为很多有理想的年轻人施展才华的广阔天地。

当时全国涌现出了有文化去农村的很多典型人物，这些人的事迹都被当时的《人民日报》登载，当时的湖南也有这样的模范人物。

雷锋就是在这样的大环境下，顺应社会潮流成为成千上万回到农村的年轻人中的一分子，在这个时候做农民，是非常光荣的。

手记/4
我要做什么：人生是可以规划的

一个人的人生道路取决于他自己做的决定。

小学毕业时雷锋与众不同的人生规划，也让他的人生道路显得与众不同。雷锋选择理想的方式是一个典型的逆向思维过程。事实证明，这种特别的逆向思维，给雷锋带来了完全不一样的人生。而最让人惊奇的是，有了目标的雷锋，在以后的人生中所经历的一切，竟然和他自己在小学毕业时的发言惊人重合。这是后话。

雷锋小学毕业时的发言其实就是他人生目标的宣言书，他自己都在半懂懂中就完成了自己一生的规划。他在自己的人生宣言书里就立下了目标，告诉自己应该做什么、应该拥有什么、做什么样的人。这个宣言顺时代潮流而为，他自然成为社会主流的一分子；这个宣言也目标简单清晰，容易实施；订好目标他又表达出来，这样就十分容易获得良好的助力。

这些可贵的品质不但值得孩子学习，也很值得成年人借鉴。

雷锋的故事看到这里，我们已经能看出，雷锋具备一个成功人士的很多品质：有思想、有行动、有目标，更重要的是他知道，在什么时候用什么方法表达自己、做心目中想要的那个真正的自己。按照现在的说法，雷锋是应用型人才、自我意识与社会意识无缝衔接的人才。这样的人才在任何时代都会有成功的机会。

很多人经常想到的是"我要什么"，雷锋则是想"我如何做别人才能接受"。两种方式其实一个是想索取，一个是想奉献，显然后者更容易得到机会。雷锋有这样正确的想法又付诸了行动，他把正确的想法和正确的行动结合得天衣无缝，所以，他不成功谁成功？

C

新式农民雷锋：
新简历捕获新机遇

路都是自己走的，走上哪条路，

人生就将展示出那条路上的风景。

但是，很多时候，我们每个人，

都有因某种选择而带来的后悔、不甘、郁闷与焦急。

雷锋也有啊……

时间

　　1956 年 7 月—11 月

背景

　　中国农村正在进行社会主义改造，农村成立了农业合作社，贫农出身、有文化、有知识的新农民是当时的紧缺人才

工作

　　记工员　"秋征"助理员

关键词

　　新式农民　苦难家史　勤奋　小事做起

1. 郁闷记工员

雷锋在毕业典礼讲话中提到的冯健，是当时望城县里知名的先进人物。冯健高小毕业后就回乡参加了农业生产，带头为合作社养猪。18岁时，她被评为全国青年社会主义建设积极分子，两次上北京，还见到了毛主席！

当时，望城县委正号召全县青年向冯健学习。

她的事迹直接影响了雷锋的毕业选择，能像冯健一样见到毛主席，也成了雷锋最大的心愿。

因为与众不同的毕业选择，雷锋这时候在他们县乡一带已经小有名气了。然而，回乡以后，兴冲冲的雷锋却发现，在这个广阔天地里，好像并没有他想象中的那种轰轰烈烈的工作在等待着他。

雷锋主动要求下乡当一个知识农民，当地乡亲们对雷锋的这种行为刮目相看，后来他一直都是望城县里思想先进、走在潮流前面的人，而且他对工作也热情认真，做事积极主动，在同龄人中显得很突出，加上他的性格随和，活泼可爱，机灵而善解人意，他的情商高再加上个人努力，使他获得了许多其他年轻人无法获得的改变自身命运的机会。

整个安庆乡有五个生产队，原来只有一个人能读报纸，但这个人是富农的儿子。在当时，这样的人是被监督和改造的对象，不被信任，更不会被重用。于是识字的雷锋理所当然地被分配做了一名记工员，负责给大家记工分、核算账目。

日复一日地去记录张婶五分工、李嫂八分工、赵二六分工……虽然雷锋每天都会把每个人的工分核计并誊写得清清楚楚，从未出过差错、误过事，但是记工员的活儿，显然和他高小毕业时对农村建设的理想有距离——真是一点儿也不轰轰烈烈！

什么时候才能够成为冯健那样的人啊？

图五 1956年做通讯员的雷锋。

这张照片是从合影中截出来的。1956年秋天成为通讯员的雷锋,一来到县委大院就受到大家欢迎,因为他把县委当成了家,机灵又勤快,见人不笑不说话,见过他的人,都对他的高情商留下了极其深刻的印象。

2. 打杂助理员

1956 年 7 月，农村"秋征"工作开始了，雷锋被生产队调去做"秋征"助理员，协助征收粮食，具体工作就是在别人来交粮食时过磅记账。

雷锋每天夹着笔裹着本扯着嗓子报数、记录、招呼送粮食的人们。这种工作要是别人，用不了几天就会头晕嗓哑觉得厌烦了，但他却一直干得利利索索、井井有条，过往的农户人人都对他很满意。时常有人劝他休息，他却总是笑着说不累。不是客气，他的确觉得还有浑身的劲儿没处使呢！

就是通过这样的一些事，周围的人都看出这小伙子能干，到了 9 月，雷锋做"新式农民"刚刚三个月，乡长彭大叔又把他要到乡里，当了一名脱产通讯员。

通讯员要做的日常工作很琐碎：送信、传话、接待客人、泡茶、打扫卫生，开会的时候还要担任记录，有时上级来检查，他还要代表乡政府汇报工作。

日子过得飞快，雷锋把所有事情都做得妥妥当当，在乡政府，人们每天都会看到他忙里忙外、跑前跑后的身影。但他自己好像还是没找到感觉，这离他向往的轰轰烈烈的火热生活，还是有点远！

哎，这人生的转折点究竟在哪里呢？

手记 /5

行动并准备：当理想和现实存在差距

人生不如意事十之八九。在理想和现实产生差距并一时难以改变的时候，雷锋的选择是：做好眼前的事情！而且是从看起来不起眼的小事做起。

不积跬步，无以至千里。不难看出，他的理想并没有被这些小事埋没掉，他随时准备着为实现自己的理想寻找机会。

雷锋是一个永远都把好天气带在身边的人。人生的终极自由就是无论在什么情况下，都有选择自己生活态度的自由。雷锋的人生也不总是很得意，做记工员的时候他也郁闷，他心目中的"新式农民"不应该这样平平淡淡，而是要轰轰烈烈地做大事、当模范。遇到这种情况该怎么办？雷锋采取的措施是，把精力用在自己能够影响和操控的事情上，在做好记工员、助理员应该做的事的同时，再多做一些力所能及的分外的事，正是这些做法引起了别人的关注，得到了大家的认可，也给他的人生带来了转机。

3. 感人小册子

雷锋从记工员到"秋征"助理员，再到成为乡里的通讯员，满打满算也就三个月不到的时间，他又迎来一个机会。这次机会，让雷锋的命运又有了一次重大转折。

这一天，乡政府来了一名女干部，要找彭乡长。

这名女干部叫黄菊芳，是望城县委组织部干事。由于县委机关的通讯员参军去了，需要重新找一名合适的人，顶替这个职位。她是来为县委书记物色通讯员的。在这之前，黄菊芳已经去其他乡物色了好久，一直都没有遇到合适的人。

彭乡长不在，黄菊芳先见到的是雷锋。雷锋给黄菊芳端茶、倒水、递毛巾，还不时陪黄菊芳说上几句话。

这位笑容可掬、机灵活泼的小伙子一下子就引起了黄菊芳的注意，于是两个人聊了起来。

提到家，雷锋的眼泪说着说着就掉了下来。他拿出一本小册子给黄菊芳看，那是他为自己的苦难家史做的记录。

小册子用红纸折成，六寸来长，三寸多宽，一共八页，封面用毛笔中楷字写着目录：

苦难的家史

我的理想

黄菊芳好奇地翻开看了起来。

"苦难的家史"充满了孤儿的血泪，详细记述了旧社会如何夺去了他家的四条人命，以及他成为孤儿以后所受的苦难。"我的理想"则充满了喜悦和感激，写自己在中华人民共和国成立后终于得到了毛主席、共产党的关怀，不但过上了好日子，还免费上了学。他今后的理想就是要向黄继光、董存瑞、刘胡兰、赵一曼等英雄人物学习，到最艰苦的地方去锻炼、去工作，报答毛主席和共产党的恩情。

小册子里字字句句真情流露，黄菊芳被深深打动了。

雷锋人生的转折点就这样出现了！

手记／6

独特的自我推荐：简历不简单

用独特的方式展示自己，往往会给人留下特别的印象，离理想也就更近。

刚刚走出校门，求职的时候自我推荐的方式有很多。

雷锋采取的办法是：把精心撰写的"我的理想"给组织部的人看，而且还写"苦难的家史"告诉人家为什么自己有那些理想。

用今天的方式来诠释，雷锋求职的方法就是"简历＋自述信"。

这在今天很不稀奇，而在当年，雷锋的这种方法却绝对是标新立异的。这种方式使雷锋很快让别人对他的积极上进留下深刻印象，赢得了周围同事和领导的充分信任。

那感人小册子其实就是雷锋的一份独特的简历。这份独特的简历，关键是打动了看简历人的心！

4. 自问合格否

第二天，雷锋听说黄菊芳是来为县委选人的，更来了精神。

如果能去县委工作，一定能做更多的事，能有更大贡献！小伙子直接跑去找黄菊芳：去县里工作，我这样的合格不合格？

黄菊芳很喜欢这个机灵可爱的小伙子，她本来对雷锋的印象就很好，小伙子没说话先带笑，勤快能干，长得又灵气可爱，她就是想找这样的人！其实，昨天黄菊芳看了雷锋写的小册子以后就已经感觉，找了好几个月都没合适人选的县委书记的通讯员有目标了。

但是，黄菊芳不能告诉雷锋她的这个想法，组织部门是有纪律的。

黄菊芳需要进一步了解雷锋。她先在乡政府打听雷锋的情况。彭乡长告诉黄菊芳，雷锋这个小鬼活泼、机灵、勤快，不但把日常工作做得非常好，业余时间还义务给乡政府食堂种菜，并且总是主动去救助那些困难户。总之，雷锋眼里到处都是活儿，哪里有困难，他就会主动出现在哪里。彭乡长极力举荐雷锋去做县委通讯员。

回到望城县委，黄菊芳马上去找县委书记张兴玉汇报了雷锋的情况，她觉得雷锋不但出身好，人品也好，如果不合适做通讯员，也可以到县里别的地方去工作。黄菊芳甚至表示，如果不让雷锋到县里来工作就太可惜了：他是个能成大事的孩子，应该有更好的发展！

张兴玉书记决定，试用这个被黄菊芳极力举荐的小伙子。

不久，雷锋正式接到了望城县委的调令：县委试用他做机要通讯员，在县委书记的直接领导下工作。

1956 年 11 月 17 日，雷锋正式调到了望城县委机关，成了一名正式的国家通讯员。这是雷锋又一个重要的机遇。而这个机遇离他上一次决定，刚刚过了不到 5 个月。

雷锋当新式农民的时间也就这么短短几个月，如此短的时间，他就能再上一个台阶，在那个选择有限的年代，这种机会不是常有的。

所以，雷锋不简单。

做了通讯员，雷锋的眼界，从此大大开阔了。

手记 /7
抓住机遇：人才也需要展示个人魅力

个人魅力就是竞争力。魅力的核心是真诚。

个人魅力的大小可以决定你离目标远还是近。雷锋对人真诚，情商很高，沟通能力一流，他高度准确地发挥了自己的优点，敲开了机会的大门。

当年，做通讯员是很多人想都不敢想的事。在望城县委没有一点门路的雷锋，正是凭借着自己出色的表现跨进了县委机关的大门。

如果想实现理想，要找到实现理想的方式，首先要找到接近理想的方式。

机会总是给有准备的人。雷锋就是遇到了正好需要他的机会，命运又一次改变。

就和打游戏一样，雷锋又一次抓住了升级的机会：遇到了赏识他的人。这一切的发生源于他在适当的时候，抓住了适当的机会。

D

望城县委通讯员：
在无我中放大格局

沸腾的生活好过，出头的日子其实难挨。

人要是一门心思做点什么，干脆就两耳不闻窗外事，

管他周围乱团团。

有人的地方就有是是非非，就看你怎么去对待了……

时间

1956 年 11 月—1958 年 11 月

职业

湖南省望城县委通讯员

职责

分内：日常办公事务，给县委书记打扫房间、打扫办公室、打开水

分外：打扫全楼办公室、楼上楼下的走道，打所有人的开水

工资

最初 23 元，后来 29 元，再后来 32 元

这在当时当地绝对属于高收入

关键词

勤快 高情商 热爱生活 有理想 螺丝钉

1. 琐事交通员

刚由乡下来到县城，而且一下就进了县委机关，雷锋对什么都好奇。他先在办公楼里转了几圈，到每个办公室的门口都要望上一望，看见电话机、油印机、自行车什么的，总是上上下下、左左右右、前前后后看个够，还不时问这问那。

雷锋一笑就有两个小酒窝，而他对谁都是先笑才说话，所以很快，这个个头小小、一脸孩子气的小鬼，就跟大家混熟了。

县城是新视野，单位就是家。

雷锋每天在这个新家里手不停脚不停地忙来忙去。一开始分配工作，他负责打扫县委书记张兴玉的办公室、会议室的卫生和打开水。但是，他一上来就把所有的办公室和会议室打扫了，还为所有在机关工作的人都打好了开水，甚至天天把办公楼楼上楼下的走廊也打扫得干干净净。还是老样子——眼里处处都是活儿！时间不长，雷锋已经成为人见人爱的那一个小伙子了。

雷锋做得最多的是交通员的工作，主要负责送信和传达文件。那个时期的望城县周边，贯通各处的只有交通不便的羊肠小道。机关里只有两辆自行车做交通工具，县、区、乡之间的上传下达，主要靠交通员步行完成。雷锋当时的工作其实非常辛苦。

同事们也怕他累着，让他少干点活儿，有空多休息。雷锋总是说，干这些小事累不着，这些活儿比在地主家干的少多了。

做了县委的通讯员以后，雷锋的见识增加了，如何成为一名共产党员，是他当时最向往的事。为此，他几乎咨询过了县委机关的每一位共产党员如何成为共产党员的事。

雷锋还很爱看书。他除了看政治理论书籍，也喜欢看文学名著、英雄故事等。当时雷锋喜欢看的书有《怎样做一个共青团员》《毛泽东选集》《唯物主义和经验批判主义》《钢铁是怎样炼成的》《刘胡兰》《董存瑞》《黄继光》《青年近卫军》《把一切献给党》，等等。其中能看到《毛泽东选集》非常不容易，一个县也就一两套，在县委书记手里。

雷锋的通讯员经历，对他的人生影响很大。在县委大院这个全县最高国家机构，要比一般年轻人见多识广，也有更多的锻炼机会，他就接触到了当时普通老百姓接触不到的《毛泽东选集》，还认识了见过毛主席的劳动模范冯健，并以姐弟相称。因为是县委通讯员，所以他的工作琐事比较多，在重复这些简单的工作中，县委书记给他讲了"螺丝钉"的道理，让他知道了做一颗"革命螺丝钉"的重要性，知道了小事不小，也可以做出成绩来。

手记 /8

螺丝钉精神萌芽：琐碎小事也起眼

机会和成功是由很多琐碎的准备积累而成的。

新式农民—乡政府通讯员—县委通讯员—共青团员，这是雷锋在小学毕业后半年内的收获。半年之中，雷锋每一分钟都没有浪费，每天都在进步。而他的这些进步，并不是因为干了什么轰

图六 1957年7月，穿着浅色
裤子，印有"锻炼"二字T恤的
雷锋，还留着长长的刘海。
雷锋工作出色，也很有生活情趣，
他平时总是发型很时髦，衣着整
齐，表情阳光。这张照片就是雷
锋热爱生活的一个定格。

轰烈烈的大事，他每天做的依然和当乡政府通讯员时一样，是一些不起眼的琐碎小事。

其实，无论多么优秀的人才，在工作初期都有可能被派去做一些琐碎的小事。没有人生来就是做大事的，绝大部分成功者都要在做琐碎小事的过程中千锤百炼。做琐碎小事几乎是通向成功的必经之路。

同样是做小事，不同的人会有不同的体会、不同的做法。小事不小，在工作中，没有任何一件事情，小到可以被抛弃。

雷锋在新单位的行为可圈可点。他来到县委工作以后，能迅速适应环境。

让自己回到婴儿状态，先观察，迅速了解新环境，学习、掌握新技能。要想留下来，再往高处走，必须先积累，积累在雷锋来看就是要不断学习。

人往高处走，怎么走？就是靠积累和学习。

对别人的态度，不笑不说话。雷锋就是这样的人。

雷锋还什么都抢着做。在做之前，先把本职工作做好。他的本职工作一点儿都没耽误，这一点其实十分重要。在这里，我们又要联想到雷锋给地主家干活的遭遇了，其实，雷锋之所以比别人做事效率高，和那段苦难磨炼很有关系。善于吃苦，勇敢接受磨炼，就会为未来积累更多的本钱。

大都是由小累加成的，大本事都是在做小事情中锻炼出来的。生活中其实并没有太多的所谓大事，一切意志品质，往往都体现在日常的一点一滴中。

做好日常小事一旦养成习惯，一个人、一个社会的面貌，绝对井然、向上。

图七 影响雷锋的模范人物——冯健。

冯健是雷锋家乡望城县的模范人物，是雷锋的偶像，雷锋一直把她当做学习的榜样，雷锋高小毕业后回乡做新式农民，就是受冯健的影响。

冯健高小毕业后回乡参加农业生产，带头为合作社养猪，18 岁加入中国共产党，被评为全国青年社会主义建设积极分子，曾经两次到北京见到了毛主席。湖南省报《新湖南报》曾经发表"向冯健同志学习"的文章，望城县号召大家向冯健学习。那时，正好雷锋高小毕业。

1956 年雷锋来到望城县委当通讯员以后，在县委书记张兴玉的引荐下，他和冯健成了好朋友，二人以姐弟相称。两人曾经照相合影。在冯健看来，雷锋的用具十分简朴，但是摆放得井然有序。

雷锋对于冯健能见到毛主席非常羡慕，经常会问起冯健见到毛主席的各种细节，甚至会问到毛主席说话的语气、长相、神态等。

冯健后来被保送到湖南农学院读书，曾经担任过湖南省总工会副主席、省政协委员等职务。这张照片是当时的劳动模范冯健送给雷锋的。

2. 不断充电的雷锋

聪明机灵的雷锋来到县委机关不到三个月的时间，就在 1957 年 2 月 8 日加入了共青团。当时望城县机关正在开办干部业余文化补习班，雷锋听说以后，主动要求插入初中班学习。雷锋最喜欢学习，他白天上班，晚上学习，有时因为工作需要下乡，他坚持出差前找老师提前领课，回来就积极补课，他就这样在繁忙的工作之余完成了初中的学业。

雷锋在县委机关工作得如鱼得水。他的工资待遇也非常不错。

从 1956 年 6 月开始，新中国才用货币发工资。当时的工资标准是，政府机关普通勤杂工作人员为每月 23 元。雷锋一开始的工资就是 23 元，后来涨到了 28 元。这个收入在当时是非常不错的了。

按理说，雷锋可以在县委机关过熟悉安逸的生活了。但是，他确实闲不住。一有热火朝天的生活，他就坐不住了。

戴着帽子，身着时尚的列宁装，据冯健讲，雷锋"很阳光，很爱美，很活跃"。

图八 1957年2月雷锋加入了共产主义青年团，雷锋的装扮非常有特点。

3. 申请投入治沩工程

　　1957 年，全国各地开展了大规模的水利工程建设。10 月，望城县委也作出了治理沩水河的决定。沩水河是湘江的一条支流，贯穿望城县全境，河道曲折，水灾频繁，有"沩水河有鬼，落雨就涨水"的说法，历来一到汛期就泛滥成灾，常给两岸人民的生命财产带来重大损失。县委决定根治沩水。

　　听到这个消息，雷锋激动不已。

　　做县委通讯员，又是书记直接领导，雷锋可是人小势重，未来的发展一定是无限风光，况且领导和同事都那么喜欢他！但是，在雷锋心里，机关和千军万马的治沩工地比起来，吸引力要小多了。他觉得只有到那里，自己才更使得上劲，干起来才更痛快。再说了，自己连中学都不去念，早早参加工作图什么？不就是要报恩吗！要是没有共产党没有新社会，自己早不知死在哪个荒坡野沟里了。

　　哪里艰苦，他就希望自己去哪里！

　　雷锋去跟张书记提，说自己想去治沩工地。张书记不同意。

　　雷锋转头写了一份要求参加治沩会战的申请书，递到张书记手里。但是，泥牛入海。

　　小家伙要去治沩的执著劲儿，谁看谁感叹，机关里上上下下的人都跑去替雷锋说过情，连已经成为好朋友的养猪模范冯健，也帮着说过话。但就是没结果！每天依旧干这干那闲不住的雷锋，脸上的笑都没平时那么多、那么爽快了。

其实，雷锋要求去治沩工地的事，张书记不是没有认真考虑过，只是觉得他是个孤儿，万一有什么闪失，不好交代。另外，雷锋年龄小，又长得瘦小单薄，书记是心疼，怕他承受不了工地上的那份苦和累。再说，雷锋做县委通讯员时间虽然不算长，却处处不让人操心，事事做得周到细致，书记也真怕少了他在身边，很多事做得就不那么顺当了。

张书记哪里想到，这个小伢子真有一股子执著劲儿，又是写申请书，又是请冯健打电话说情，连县机关里的同事也都来帮着他递话。正好，担任治理沩水指挥长的赵副书记患上了重感冒，需要一个得力的人去照顾，有谁能比雷锋更合适？

去吧！张书记终于点头了，雷锋终于有机会加入那沸腾的生活里去了。

手记 /9
实在是真正的聪明

积极尝试，是登上展现自己舞台的好办法。但是机会，要靠自己创造。

为了得到机会，不妨试着执著点儿，像雷锋这样：先口头请示，再写申请书，甚至找人帮助说情，为了达到自己善良的目的，把能用的所有办法都用到。

不半途而废，坚持就有结果。雷锋就是这样得到了机会、遇到伯乐出现。

申请去艰苦的地方工作，在今天的很多人看来更像是做秀。但雷锋一定不是。他可以顺水推舟，既然书记坚决不放，就算了。雷锋做事不仅努力，而且用心。他的决定，一定是深思熟虑之后做出的，所以，一旦开始，就要有结果。

实在、做实事，是雷锋在实现理想的路上，心想事成的法宝！

图九 治沩工程结束后，雷锋被评为治沩模范，得到一件印有"治沩模范"大字的秋衣。雷锋一直保存着，直到去世。

4. 人见人爱的通讯员

雷锋接到通知，拎起铺盖就冲了出去，都忘了书记还一边站着呢！

可是刚到治沩工地，他的高兴劲儿一下子又没了！领导还是让他做通讯员——工地指挥部的通讯员。这下，他想参加热火朝天大会战的想法不又泡汤了？

等实际干起来，雷锋才发现自己的工作有多重要、多辛苦。在工地，各个大队之间离得很远，电话经常不通，指挥部有事，需要他跑上几十里路去传递信息，顶风冒雨更是家常便饭。

但是雷锋就是雷锋，除了自己的任务，只要他在治沩指挥部，指挥部就跟县委大楼一样，里里外外一定干干净净、整整齐齐。你说他是少年不知愁滋味？你说他是阳光一样灿烂？反正雷锋就是闲不住，而且不但爱笑，还爱唱，革命歌曲、家乡小调，有谁想解个闷，只要他会，一准唱给人听。每天从早到晚，笑声和歌声总是随他而至，比他先来的那些同事都感觉，只要有小雷，活儿干着好像就不那么累。

没过几天，治沩指挥部里这个新来的通讯员，就又是非常惹人注目、人见人爱了。

但是这天，爱笑的雷锋却把脸绷起来了，这一绷，事儿可就不小……

手记 /10
职场需要营造"气场"

职场是你的"气场",如何做到人见人爱?把快乐和欢笑带给别人,总是在别人需要帮助的时候出现,这就是雷锋人见人爱的法宝。乐观也带来了正能量。真诚的笑容也是正能量。这也是雷锋的"绝招"。

做一件好事不难,难的是一辈子做好事。雷锋是发自内心想帮助人,做好事,是自然本性的流露。没有使命感,就不会有强大而持久的内在动力。所以,发扬雷锋精神,不能简单地理解为打水、扫地、擦桌子或是做一件好事,而是要发自内心地在任何时间、任何地点、做任何利他的事,不带任何功利性目的,不图任何回报,这样才能营造出雷锋般的"气场",赢得别人长久的感激和信任。否则,就是走过场。因为你忽悠别人,别人也能看明白,自然他就不会轻易相信你。

图十 这是雷锋（前排右一）在家乡望城县做通讯员时与县委书记张兴玉等人的合影。
这张合影中雷锋神采奕奕，穿着整齐，白衬衣领子时髦地翻出来，左胸前还插着一支钢笔，装扮得时髦而干练。这时候的雷锋非常活跃，哪里有困难就会出现在哪里，不但能做好通讯员的本职工作，还积极要求去最艰苦的地方，比如去治理沩水河的工地。

5. 编外质检员

冬天到了，治沩工程也进入了最后的关键时刻。

一次，雷锋去各大队送文件回来，走在蜿蜒绵长的大堤上。咦，这脚底下怎么一会儿软、一会儿硬？软的地方是土没有夯实，这硬的？雷锋的脚底下被个硬东西咯了一下，他蹲下身用手向土层里使劲抠下去，抠出好几只大"乌龟"！

修堤筑坝，最怕的就是土夯不实和这样大乌龟似的土块埋在里面，洪水一来会首先从这样的地方溃堤。这无异于埋下了一颗颗定时炸弹，非常危险！

雷锋又细心查去，发现这还不是个别现象。

雷锋赶紧去找工程质检人员再来检查，果然问题严重。指挥部下令：连夜返工！

已经睡下的人们再爬起来，哪个心里能痛快？怎么，是雷锋"找事"，质检跟他有什么关系？这不是多管闲事吗！但是，跑了一天的雷锋也没回去睡觉啊，他夹在人群中挥锹舞镐，还带着大家唱起了劳动号子。看到这种情景，谁也没话说了，大家跟着他的节奏喊起了号子，干得蛮痛快的。

自那以后，雷锋每天走上大坝，都要随处用心跺跺脚下，看看大坝是否结实。人们送他一个外号——编外质检员。

1957年底治沩工程结束时，雷锋毫无悬念地被望城县委评为了治沩模范。

图十一 1957年雷锋在望城县做通讯员时和县委书记张兴玉（前排左一）等的合影。

工程结束了，望城县委准备围垦造田，要把水害频繁的荒地变成米粮仓。县委县政府号召：在沩河边建团山湖农场，向荒地进军！

这事雷锋能不兴奋？他又瞄准了农场生活。

手记 /11
你愿意额外付出吗

在职场里，我们经常会遇到这种不属于自己分内的工作，也就是额外的工作。面对不属于自己职责范围的工作，应该采取什么态度？

我们可以不在其位不谋其政，用很"职业"的态度只做好自己分内的事——拿多少钱办多少事。我们也可以在做好分内工作的前提下，不计报酬，额外付出。

很现实的情况是这样的：职场中那些尽责又爱操心的人，往往因为额外付出，成为大家注目的焦点，吸引同事也吸引老板的眼球。

坚持原则的人往往是带来坏消息的人，包括让大家去返工，也是个坏消息。

雷锋没有利用自己和领导的关系去追究什么人的责任，他做了一件正确的事：立即去解决问题。而且，要用大家乐意接受的方式。

解决问题，还不伤人。

图十二 1958年雷锋因为捐款最多，成为望城县第一个拖拉机手。

这是雷锋在做通讯员过程中得到的又一次机遇。到目前为止，他没有错过每一次来到他身边的

机遇。

6. 第一拖拉机手

垦荒需要机械，团山湖农场急需一台拖拉机。但是政府一时拿不出那么多钱，于是县委发出通知，号召全县人民捐款。

为农业建设捐款买拖拉机，雷锋一下子拿出 20 元。钱是他进县委机关工作一年多的全部积蓄，本来是准备买一床新棉被的。雷锋成了全县团员中捐款最多的人，为此县委给他发了奖状。

光出钱可不是雷锋的作风，他是要去出力的。老办法：三番五次写申请，坚决要求去团山湖农场垦荒。尽管张书记一百个舍不得，最后还是让雷锋去了，谁叫你"磨"不过他呢！

已是 1958 年春天，团山湖农场那里已经干上了。雷锋一到农场马上就投入了劳动，但他心里还有份惦记：开全县的第一台拖拉机。

这台拖拉机是大家捐款凑钱买的，开拖拉机这种好事会落在雷锋头上吗？

好事落上好人头。没过几天，李场长告诉雷锋：县委研究决定，因为对购买拖拉机做了突出贡献，加上平常表现也突出，县委决定让他学开拖拉机，做望城县的第一个拖拉机手！

20 世纪 50 年代，在中国农村，能做拖拉机手，比四十多年以前能驾着一辆奔驰车满街跑丝毫也不逊色，何况这机会是县委分配的，这对雷锋来说，是至高无上的荣誉。

为了教雷锋学开拖拉机，农场还专门请来了一位师傅。这师傅姓陈，是个话少较真的人。可雷锋勤快又机灵，每天早晨不等天亮就起床，在师傅到之前，一准把拖拉机擦得锃光瓦亮；见师傅有抽烟的习惯，自己虽然从不吸烟，但也常备着烟叶和火柴；休息时，给师傅倒水递毛巾照顾得十分细致，雷锋机灵活泼，把个原本整天没有笑模样的"倔老头子"喜欢得舒坦极了，使出浑身解数就想让徒弟一下学到真本事。学技术，雷锋更是用心，他把师傅教的驾驶规则自编成十五条要领，写在本上，有空就琢磨，记得滚瓜烂熟。

计划学徒一个月，由于雷锋聪明又钻研，不到十天，他就能正式试车，开着拖拉机"突突"跑了。

图十三 1958年春，望城县共青团委发给雷锋捐款购买拖拉机的奖状。雷锋捐了20元，是全县团员里个人捐款最多的。

手记 / 12
一技之长终有用

雷锋能在众多想开拖拉机的人中脱颖而出，得到这样珍贵的机会，不是偶然的。

回顾一下县里从买拖拉机到选拖拉机的过程，雷锋的贡献最大，因为他为县里买拖拉机捐出了 20 元钱，成为捐款最多的人，他那时一个月的工资才 29 元。把准备买棉被的钱捐出来，自己只剩下 9 元钱的生活费，这是一般人很难做到的。再加上他在做通讯员期间的表现有口皆碑，县委机关上上下下对小雷锋都一百个竖大拇指，非常满意。

所以，如果喜欢自己的工作，就要全身心投入。

于是，他拥有了一次难得的能有一技之长的机会。这也是雷锋喜欢的事情，有这样的机会非常不容易。

因为喜欢拥有了这样的机会，为了让师傅教得好，雷锋把师傅照顾得十分周到，把师傅教的技术自己融会贯通，刻苦钻研，把得到的这次学习机会用到极致。雷锋成为拖拉机手，这在他今后的职场生涯中至关重要。后来去鞍钢、当兵所做的事，都与他是一位有一技之长的拖拉机手非常有关系。这让他在今后的事业中，比别人走得更顺、更广。

所以，有机会多学习，"艺多不压身"，本事越多，路子越宽。

7. 文艺青年才华初展

1958 年 3 月 10 日，《治沩工地报》的编辑写了一篇文章，专门记录了雷锋学会开拖拉机的火热情景。

雷锋觉得自己学会了开拖拉机，别人写了还不过瘾，就去找那个编辑请教，自己赶写出自己的感受。3 月 16 日，雷锋写的文章"我学会开拖拉机了"发表在了《望城报》上：

当我第一次爬上拖拉机驾驶台学习的时候，我真高兴得要跳起来。

学习了一个星期，懂得了一些操作方法和基本知识，老陈就让我试验驾驶，他真的让出座位，站在一旁指点我。我一坐上驾驶台，心跳得很，生怕开不动，别人会讥笑；又怕没有力，转不动方向盘；还怕刹不住车，就更糟。我的心情既紧张，又快活，手脚都不由自主地颤抖起来。老陈对我说："不要怕，要放勇敢些！"这时我才把力加大，把离合器向上一推，拖拉机"嘎嘎"地开动了。可是拖拉机总不听我的指挥，走弯路。开了一会儿，我不怕了，心也跳得不那么厉害了，手脚也慢慢地不发抖了。这时，拖拉机也听我使唤了。在这个时候，我的心情是多么喜悦呀！我回头望望，看到那可爱的肥沃土地，很快地被犁翻了，仿佛看见了一大片绿油油的可爱的庄稼。

今天，真有很大收获，过得真有意义。下班以后，脑子里一个转又一个转地想着。吃饭的时候，还好像坐在拖拉机上似的，不停地摇晃着；拿起筷子，像握住拖拉机的操纵杆一样，随手拽动；两只脚像踏在"刹车"和"油门"上，自然地踏动着。我在想，今天这样的幸福，不是党的培养，又是哪里来的呢？

我一定要以实际行动，来报答党对我的亲切关怀和照顾；一定努力钻研，勤学苦练，克服一切困难，忘我地工作，争取做望城县的第一个优秀的拖拉机手。

雷锋的文章一发表，轰动了整个团山湖农场，这使他受到很大激励，决定以后要把自己经历的"改天换地"的故事都写出来。而且从此，他又有了一个梦想：当个作家。

在农场期间，雷锋发表了散文，创作了九首诗歌、两篇小说。文学才能得到了锻炼，雷锋的人生观也逐步成熟。而从1957年当通讯员开始，雷锋就写起了日记，在团山湖农场更养成了习惯。已发表的《雷锋日记》第一篇（按年代算）这样记录了他当时的心态：

1958年6月7日

……如果你是一滴水，你是否滋润了一寸土地？如果你是一线阳光，你是否照亮了一分黑暗？如果你是一颗粮食，你是否哺育了有用的生命？如果你是一颗最小的螺丝钉，你是否永远坚守在你生活的岗位上？如果你

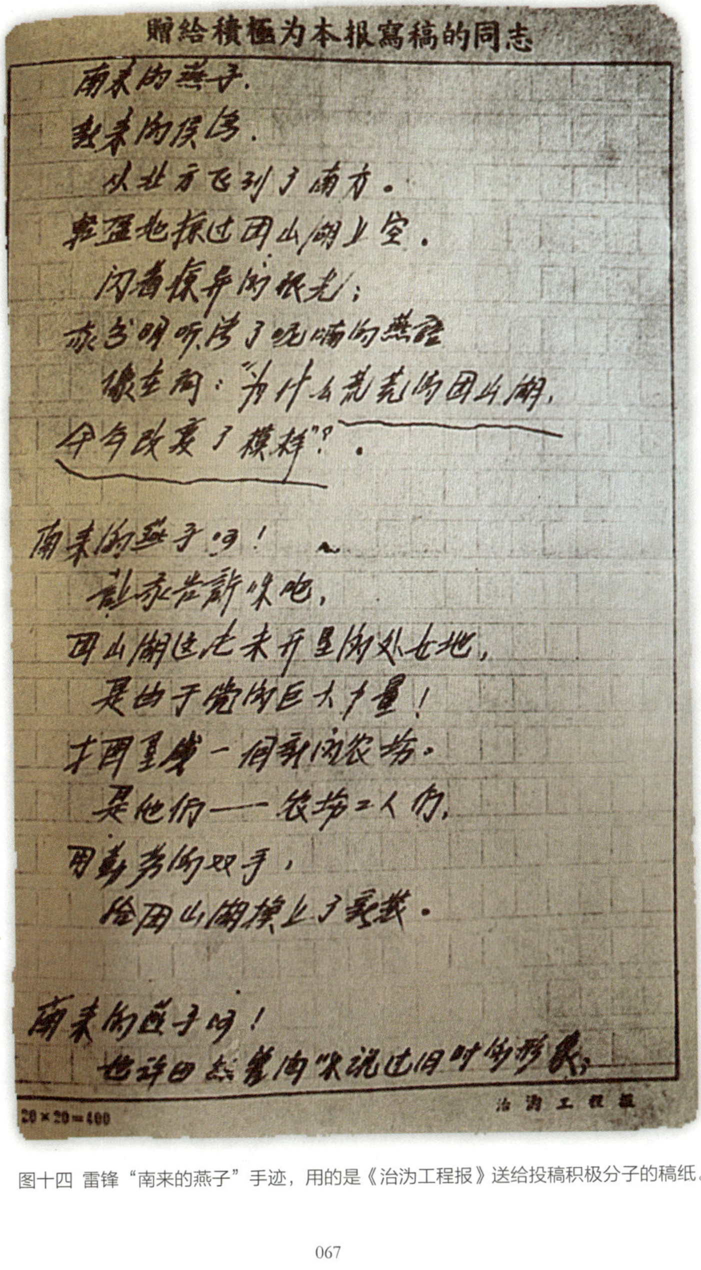
赠給積極为本报寫稿的同志

南来的燕子，
春来的候鸟，
从北方飞到了南方。
盘旋地掠过团山湖上空，
闪着惊异的眼光；
亦多明听得了呢喃的燕语
像在问："为什么荒芜的团山湖，
今日改变了模样"？

南来的燕子啊！
让我告诉你吧，
团山湖这片未开垦的处女地，
是由于党的巨大力量！
才围垦成一个新的农场。
是他们——农场工人们，
用勤劳的双手，
给团山湖换上了新装。

南来的燕子啊！
也许回去会向你说过旧时的形象，

20×20=400　治沩工程报

图十四 雷锋“南来的燕子”手迹，用的是《治沩工程报》送给投稿积极分子的稿纸。

要告诉我们什么思想，你是否在日夜宣扬那最美丽的理想？你既然活着，你又是否为未来的人类的生活付出你的劳动，使世界一天天变得更美丽？我想问你，为未来带来了什么？在生活的仓库里，我们不应该只是个无穷尽的支付者。

团山湖农场风景秀丽，湖泊面积很大，空气也很新鲜。雷锋是这里的第一批职工，也是农场的第一个拖拉机手。在风光旖旎的团山湖，雷锋除了开拖拉机，还学会了骑马，骑着马儿包揽了农场五个工区的信件、通知送达。"我学会了开拖拉机了"这篇文章的发表，激发了写作激情，他开始展示写作才华。在农场他写了第一篇小说"茵茵"、第一篇日记、第一首诗歌"南来的燕子"，从这些作品中，可以看出，雷锋是非常有写作潜质的爱好者，也是由于那个年代不发达，发表有困难，放到现在，雷锋或许会成为一名不错的作家。

雷锋的这些作品，在毛泽东主席等国家领导人为他题词后，于 1963 年在《中国青年》杂志上发表。

1958 年，雷锋在团山湖农场只待了八个月。

他骑马、开拖拉机、写小说、写诗歌，还有一段朦朦胧胧的感情，生活过得浪漫而丰富。

因为要组建人民公社，农场被撤销了，合并为五星人民公社。雷锋随调到人民公社当通讯员。

很快到了 1958 年秋天，雷锋又报名要去鞍山钢铁厂了。他向往更火热的天地，鞍钢是当时社会主义建设的最前沿。

图十五 雷锋送给望城县委书记张兴玉的妻子郑桂仙的照片，背面写着："赠给：老郑同志留念。雷正兴 五七年一月一日"。

雷锋在望城县所有的照片都是县里的照相师傅戴杰照的。每个人生转折点，雷锋都要去照相馆照一张照片。当年拍照是一项很奢侈的花费，照片按照大小不等，拍照是一份钱，洗照片也需要花钱。雷锋非常珍惜自己每次得来不易的机会，所以每次都用照片纪念自己人生的重大事件。

手记 /13

记日记：整理修正思想

  雷锋农场期间开始写日记，写文艺作品。后来成名后，发表的《雷锋日记》是雷锋最著名的作品。记日记，雷锋最初只是把自己的思想活动和目标做简单的记录。

  从日记中我们看出，雷锋的愿望简单而又朴素，无论在什么岗位上都要做一个革命的螺丝钉，这种想法，雷锋一直践行到他当兵直至后来被树立为典型。他这种做螺丝钉的想法一直没变，不但说了，他做得比说得更出色。他从身边的点滴小事做起，积小善为大善，善莫大焉。所以，雷锋的行为、思想被总结为雷锋精神，和中国传统文化与时代精神——为人民服务、做人民勤务员，是一脉相承的。

  纵观雷锋的成长历程，我们就会发现，雷锋不是徒有虚名，确实是做出来的，作为普通人，雷锋也是一位经历很丰富、业绩很出色的人。

图十六 1958 年 10 月，张兴王书记调离岳阳市任职，县委机关赴岳阳城望城县开欢送会，张书记特意打电话把下乡的雷锋叫回来，合影时安排雷锋坐在前排。（前排左二为雷锋，右三为张兴玉）

E

鞍钢工人雷锋：格局决定人生的高度

1958 年是一个变化比较多的年份。人民公社化运动中，雷锋所在的团山湖农场并入了五星人民公社，他又继续当了通讯员。但是，全民大炼钢铁一片火热，雷锋的心又要沸腾了。

　　人往高处走，水往低处流，要是有人不这么做，偏跟自己找别扭，那一定是有什么特别的想法了。雷正兴放弃通讯员身份，放下高工资，改名为"雷锋"，一心一意要去工厂当学徒。

时间

　　1958 年 11 月—1959 年底

背景

　　1958 年中国开始了全民大炼钢铁和人民公社运动，中国对世界宣布全国钢铁产量要到达 1070 万吨，以证明社会主义国家的实力

契机

　　辽宁省鞍山钢铁厂到湖南省望城县招收工人

职业

　　辽宁省鞍山钢铁厂工人

工资

　　工厂学徒工，每月 22 元（雷锋当时在湖南做通讯员时月工资 32 元）

突出成绩

　　标兵 18 次、红旗手 5 次、先进生产者 5 次、先进积极分子 1 次、节约能手 3 次、职工夜校优秀语文教员（党的优秀宣传员）1 次，还出席了鞍钢社会主义建设青年积极分子大会

关键词

　　勤奋 奉献 自信 关爱他人 时尚

1. 改名，立志做工人

为什么雷锋要去鞍钢？还得说说当时国家的大环境。

1958 年，中国向世界宣布，全国钢铁总产量要达到 1070 万吨，这是社会主义国家实力的显示。1958 年的关键词就是"钢铁"，类似于 2020 年，世界的关键词就是"疫情"。

钢铁，是当年最火的话题。鞍山钢铁厂是当时全国最大的钢铁厂，国家对全国钢铁工业的总投资有一半用在了鞍钢，这里还云集了五百多名县级以上技术干部和上千名技术工人。

10 月下旬，鞍钢和湖南当地的湘钢都到雷锋家乡望城县来招工。

一位在县委机关的同事把这个消息告诉了雷锋，听到这个消息，雷锋高兴得快跳了起来。他毅然决定要报名去鞍钢，因为鞍钢是国家最大的钢铁基地，到鞍钢就可以大显身手，实现理想。

报名的时候，雷锋就把自己的名字"雷正兴"改掉。他原来的名字含有让家道兴旺的意思，但是旧社会害得他连家都没有了，更谈不上兴旺。他和同事说并不喜欢这个名字。

一开始他想到的名字是"雷峰"，觉得这个名字有登高望远的意思，不会迷失方向。后来在一位熟人的建议下，改成了"雷锋"。因为全国都在响应当时鼓足干劲、力争上游、多快好省地建设社会主义的总路线，全国人民都在大炼钢铁，而自己要去全国最大的钢铁厂去做炼钢工人，"锋"字既表达了自己与钢铁有缘分，

图十七 1958 年底雷锋成为鞍钢推土机手。

雷锋起初是想到炼钢第一线去做一名炼钢工人，炼钢工人没有做成，做了推土机手，做推土机手的雷锋依然很优秀。在鞍钢，他几乎得到了他能得的所有荣誉，成为一名出色的工人。

又表达了自己要为国家建设当先锋、打冲锋的愿望。雷锋也建议一起报名的同事改了名。同事回忆说，那个时期，雷锋经常自言自语"钢铁元帅已升帐"，还带着唱戏的腔调，经常情不自禁笑出声。

在 20 世纪 50 年代，人们改名字非常普遍。人们会把自己的名字和国家大事结合起来，因为大家都觉得这是一种自己和时代相融的最好方法。而雷锋改名，还不是让自己的名字和国家大事相连，而是表达希望为国家建设多出力、争做先锋的决心。

他这次是放弃了通讯员每月 32 元的高工资，要去鞍钢做学徒工（最高每月 22 元）。

雷锋选择人生事业的方向，从来不计报酬，而是遵从内心愿望。所以，做自己愿意做、喜欢做而且国家需要的事，永远都是最好的选择。

2. 踏着时代的节拍

1958年11月中旬，雷锋和几个老乡从长沙出发了，他们要转好几次火车，千里迢迢去新单位——辽宁鞍山钢铁厂报到。

同行的伙伴中，数雷锋的棕色皮箱最沉，除了必备用品，他把自己最喜欢的家当全带上了，那是当时最流行的《钢铁是怎样炼成的》《不朽的战士》《黄继光》《把一切献给党》《毛泽东选集》等书籍，还有一把口琴！

"刚刚开始学吹口琴，调剂调剂生活。"雷锋笑嘻嘻地破解了同伴们的好奇。

从小小的望城县一路火车到达武昌站，因为要换车，需要在武汉逗留七八个小时，大家纷纷跑进市区观光。

观光？那就是去开眼啊！

武汉长江大桥是中国第一座横跨长江的铁路公路两用大桥，真正在长江上实现了"天堑变通途"。那时大桥刚刚开通一年，是到武汉必游的参观点。

迎着朝阳站在江边，仰望大桥，看到下层的铁路桥是钢铁造的，上层的公路桥也是钢铁造的，雷锋眼里闪着激动的光亮，这可全是钢铁呀！这需要多少钢铁呀！想到将要去的鞍钢就是生产钢铁的地方，雷锋心潮澎湃。

火车开到北京后，还是要停留好几个小时，当然要去天安门广场！天安门是毛主席住的地方，毛主席是他最想见的人。

图十八 雷锋在武汉长江大桥下。

1958 年 11 月，雷锋的职业生涯面临一次重大转折：放弃待遇优越的通讯员工作要去鞍山钢铁厂炼钢第一线当学徒工了。虽然工资降了很多，但是雷锋不在乎。因为他是要去实现小学毕业时的规划：去做一个好工人。这是他在从湖南去鞍钢的途中，在著名的武汉长江大桥前合影。掩不住的灿烂笑容，配上他手里提着当时很时髦的塑料兜，给自己也给未来留下了一个难忘的剪影。

雷锋在金水桥上坐了很长时间也没见到毛主席的身影，毛主席住在天安门城楼上吗？他百思不解。

金水桥边是不准久待的，执勤战士上前催促：请尽快离开。

雷锋很不情愿，但也得走啊。对了，这人不就是天天守着毛主席的人？问问他！

你见过毛主席吗？

还真是，小战士在金水桥上执勤快一年了，还没有见过毛主席。

毛主席是那么好见的啊？毛主席住在中南海，日理万机。要见毛主席，要做出大成绩，必须是英雄，是全国最高级别的模范才行！

这话可触动了雷锋敏感的心：以后一定好好干，争取早日见到毛主席！

正想着心事，一转身，雷锋忽然看见一个骑着摩托车的年轻人就在不远处，他立刻冲了过去。

雷锋会开拖拉机，但这么漂亮的摩托车只在图片和电影里见过，今天能在天安门前见到，这点好奇心可不能不满足！借骑一下？雷锋笑眯眯地向人家借摩托车，然后有模有样地骑上去照了一张在天安门前骑摩托车的照片。

从 1954 年雷锋戴着红领巾走进照相馆开始，他自己花钱拍过五六十张照片，几乎在他人生的每个重要阶段，都留下了非常

图十九 1958 年 11 月，这是在去鞍钢途中，雷锋在火车中途转车停车短暂的时间，跑到他非常向往的天安门前，拍了这张珍贵的照片。

这张照片他的笑容越发灿烂，因为他还有一个最高愿望，就是早日在天安门上见到毛主席。

因为当时要见到毛主席，必须成为全国劳动模范才有希望，这也是雷锋努力工作的动力之一。

他认定：自己的家乡解放后，我的家就是国家，毛主席就是家长。所以，这是他的最高愿望。

图二十 1958 年 11 月，雷锋去鞍钢途中，在天安门前拍了两张照片，这张骑着摩托车的照片尤为显眼。

要在天安门前摆这个 POSE 太难得了，为此他向别人借了摩托车。热爱生活的雷锋总是不忘记拍照摆酷，总是能现场发挥，抓住最好的时机，利用最好的道具。这在当时绝对时尚。雷锋特别爱照相，他一生留下了三百多张照片，这在当时是非常少有的。

有纪念意义的照片。这些照片有他自己的单人照，也有和别人的合影。在那个年代，照片还是好朋友之间互相馈赠的礼物。拍照片、洗照片，雷锋花在照片上的费用是一笔不小的开支。注重形象、一向节俭的雷锋在这点上毫不吝啬。以后他还拥有皮夹克、毛料裤、黑皮鞋、英纳格表，这在当时都是最时髦的行头。

而且，雷锋的照片几乎都面带微笑，散发着积极、乐观、自信的热情，也给人们留下了非常阳光的形象。

手记 /14
注重仪式感：做最好的自己

大量的照片、时髦的衣物，这其实都是雷锋在个人形象方面的投入，它们日后都在无意中变成了雷锋在人际交往中的优势，塑造了良好的个人形象，帮助他与周围的人建立起良好的关系，使他迅速在人群中脱颖而出。

一个成功者需要自信而良好的个人形象，20 世纪五六十年代的雷锋就已经做到了这一点。

直到今天，对自己形象的注重也是我们增强自信心、迅速拉近人们之间距离的捷径。今天说的所谓看颜值、靠脸吃饭，其实从积极正面的意思来讲，也是注重形象的表现。

雷锋的心越来越大了。心有多大，舞台就有多大。为了实现理想，为国家作更大的贡献，雷锋做出了一个正确决定：到国家最需要的地方去。国家最需要的地方就是最容易发挥个人才能的地方。雷锋把自己的个人理想和现实环境无缝融入。想把小我变成大我，这种在机会面前的审时度势显得特别关键，因此，选择正确的结局其实就是开启了一个新的天地。

雷锋经过对湘钢和鞍钢招工的分析和比较，选择了那个年代中国最大的企业，鞍山钢铁厂。当年的鞍钢，就像20世纪90年代的深圳一样，是有志青年向往的地方。选择最热火朝天的地方为国家作贡献，就是选最高的起点。要做就做最好！

图二十一　雷锋和同去鞍钢的湖南老乡的合影。（二排左一为雷锋）

3. "楞"闯洗煤车间

进了鞍钢的门，雷锋就被宏伟的厂房、林立的烟囱以及钢水流淌、钢花飞溅的景象迷住了，他想象着要每天站在炼钢炉旁，挥汗持钎，大显身手！想到这里，雷锋就有使不完的劲！

可是，做什么工种可由不得雷锋自己挑，他的愿望是做一线的炼钢工人。他能够如愿以偿，当上炼钢工人吗？

分配工种。一起从湖南来的人中，有的当了统计员，有的做了化验员，有的分到了配煤车间，还有的分到了炼钢厂。雷锋被分到了鞍山化工总厂的洗煤车间。

不能在火红的炼钢炉前挥锹淌汗，还有什么意义？雷锋填报的志愿可是炼钢厂，领导一定是看错了！

一定得问问清楚，雷锋赶紧找到洗煤车间于主任：是不是弄错了？我志愿去炼钢厂，怎么会到了洗煤厂？

于主任回复他，个人志愿只是分配工种时考虑的一个因素，主要还得看个人条件和实际需要。你雷锋做过拖拉机手，到洗煤厂开推土机不是正合适？谁说开推土机不是炼钢？初来乍到，不了解炼钢过程，让你开推土机就是为了炼钢！洗煤车间怎么了？如果没有人把大量的煤炼成焦炭，炼铁厂能炼出铁来吗？如果不把煤气输送到炼钢厂去，又怎么能炼出钢来？大工业生产就像一架机器，每个工厂、每个车间、每个工种，都是这架机器上的零件和螺丝钉，谁也离不了谁。你想想，机器缺少了螺丝钉能行吗？

嘿嘿，听了于主任一番话，雷锋决定服从分配！雷锋不好意思地笑着。开推土机和驾驶拖拉机一样吗？今天能不能开？

小伙子急脾气啊，于主任说，见了你们煤场的白主任再说。不下点功夫就想学会开推土机？等着吃苦去吧！

这话说的，雷锋什么都怕，就是不知道吃苦该怎么个怕法。

走进化工总厂，雷锋顿时感到眼花缭乱，运料汽车、运煤火车、发电机、翻车机、推土机、门型吊、传送带、炼焦炉……你红红火火，我热气腾腾。

一列火车满载着乌黑锃亮的煤，"隆隆隆"地开进来，只见一节车皮驶上翻车机，突然一转，"哗啦啦"一声巨响，整车的煤就卸到煤场了。当工人太了不起了，能来鞍钢当工人，这一步走对了！

一个高个子中年人，边走边拍着身上的煤灰走过来。哎，白主任，这就是你要的推土机手，叫雷锋，湖南来的，做过县委通讯员，当过拖拉机手，是共青团员、劳动模范，可是总厂特意给我们分来的！雷锋站在一边，胸脯挺得高高的。

这孩子能行吗？！这是怎么招来的？人还没方向盘高呢！有16岁吗？就算开过拖拉机再学推土机，技术上顺路，可他长得也太单薄点了吧？学 C-80 推土机恐怕够呛！组织分派来的，我得收下，可说好了，我可当不了保姆。这工作能做就做，做不了，该怎么办怎么办！白主任是真没客气。

雷锋挺着的胸脯有点塌，第一次见到白主任就被这么小看！以前可都是我照顾别人。是骡子是马，等套上车拉出去一遛就知道了！

人收下，就得当自家人看待。白主任看出了雷锋一脸的不服气，这小家伙的模样挺可爱！

小雷，你在农场开拖拉机每月工资多少？

32 元。

多少？！来这里学徒，一个月才 22 元，你不亏啊？

我就不是为钱来的！我们望城县团山湖农场已经开垦完了，我在那里的作用也就比较平常了，我不喜欢平平淡淡的生活。党中央不是提出全年年产钢 1070 万吨吗？我就想到大钢厂炼钢，正赶上鞍钢到我老家招工，机会送上门了，哪还顾得上计较每月少挣 10 块钱？

成，人不大主意不小！跟李师傅学开 C-80 推土机去吧。

李师傅还没来，雷锋急不可待地跑到推土机跟前，先绕着推土机走了一圈，又忍不住钻进了驾驶室。驾驶座里有七八个长短不一的操作杆，雷锋一边琢磨，一边摸摸这个、动动那个。

这是谁家孩子，跑这儿来淘气！

忽然，一位身材高大满脸不高兴的人高声大喝。一定是李师傅。

我叫雷锋，新招来的，厂里分配我来跟您学开推土机。

矮个子，娃娃脸，刘海儿头，李师傅心里犯嘀咕。车间早就说给派个徒弟兼做助手，就你这么个孩子？厂里是怎么搞的，年龄这么小的也要？！

你有 15 岁吗？

雷锋这是第二次被小瞧了，但是胸脯一点儿没塌下。

我 18 岁了。于主任和白主任叫我先来会会师傅。

你倒挺会说话！跟我学徒，我得把丑话说在头里，老实肯干就留下，否则趁早走人！

请师傅放心！

放心？C-80 是苏式重型机械，驾驶起来震动力大，劳动强度也大，冬天顶风冒雪在这露天煤场作业，是又脏又累又冷，这南方小鬼受得了吗？

李师傅将信将疑。

哎，走着看吧！

手记 /15

放弃高薪：不以名利论高下

理想可以让一个人不计名利。

雷锋放弃高薪安逸的通讯员生活去做炼钢工人，展示了他在人生规划方面清晰的头脑：在机会面前，做能尽快实现自己理想、达到自己目标的事！为了实现理想，展示自己最大的价值，可以不计报酬。

还有一点至关重要，雷锋的人生目标和时代的节拍非常吻合，他的自我实现方式也就显得非常有效而值得借鉴。

降薪换工作！看起来不可思议，其实评估一份工作的价值，不是只有薪水一个指标。对于快速上升期的人来说，平台的优势可能更重要。而很多人好不容易谋到一份大企业的工作，得到了较高的位置，却没有再去想透彻，如何从这个"势"借到具体的"力"。

在刚刚进入职业生涯时，经验、技能最重要。此时的雷锋很明白，仅仅到了鞍钢这样社会上最前卫、主流的企业是不够的，自己的工作岗位也必须是这个企业当中有意义的、能够惠及企业和国家的，同时还要确保自己能够增长专业技能。

借势的目的是为了让自己能够做出更大贡献，更多地惠及他人、企业乃至国家。

图二十二 在鞍钢，雷锋不但是优秀的工人，也是很时尚的工人。这身黑皮鞋、毛料裤、皮夹克就是雷锋当年置办的昂贵时髦的行头。雷锋曾经戴过的英纳格表，也是在鞍钢置办的。雷锋的战友也是鞍钢的工友乔安山说，雷锋买皮夹克花了44元钱，而雷锋当时在鞍钢的工资一个月还不到30元钱。他说雷锋很追潮流，雷锋在困难时期勤俭节约，穿打补丁衣服。其实当工人的时候，雷锋还是很富有的，他一个人挣三十多块钱，一个人花。别人挣得也不少，但是家里人口多。当然雷锋也不是有了钱就大吃大喝，他会把钱攒起来。

图二十三 1959 年 1 月 18 日，雷锋所在的鞍钢化工总产门型吊车组师徒合影（后排左一为雷锋），雷锋的笑容非常显眼。

4. 谁给谁当保姆

李师傅收雷锋做了徒弟，在白主任主持下签订了为期一年的师徒包教包学合同。

从当学徒的那一刻起，雷锋每班都早来晚走，跟在师傅左右，安装、修理中熟悉机械，观察、询问掌握规律，还帮每个人做这做那跑前跑后。很快，李师傅就感觉，这个徒儿带着顺手！雷锋的业务能力提高得特别快，不到一个月，他就能单独驾车作业了。

C-80推土机机头很高，雷锋那小个头，坐着开车就看不到前面的大铲子，不便操作；站起来开，车子一颠簸，车棚盖又碰脑袋。所以，雷锋都是不得不猫着腰开。干完一班八个小时，腰酸腿痛不在话下，但他从没说过一声累。白主任见雷锋虽然技术没得挑，但开大车子实在太吃力，几次想给他换个小车型，好稳稳当当坐着开，可是磨破了嘴，雷锋就是不肯换，说这样能多干活。这个孩子呀！白主任打心里喜欢这个倔强的小伙子。

雷锋学徒仅四个月，便完成了和李师傅的师徒合同中要求完成的全部技术学习内容。1959年3月，鞍钢对各厂学徒工进行一次技术考核，雷锋获得了"冶金工业部鞍山钢铁公司安全操作允许证"。拿到这个证书，雷锋就成了鞍钢一名合格的正式工人了。

雷锋拿到"允许证"，可以离开师傅单独作业了，但李师傅仍然要和他同班作业、同班开车。他开了半辈子推土机，和这个徒弟一起干活，舒心！

的确，谁跟雷锋一起干活，谁心里踏实。推土机手冬天作业，最难的莫过于检修、清洗发动机，雷锋学会了检修就再也不让李师傅动手了，他说实践出真知，每次都争着钻到车盘底下，仰着身子打开检示器，再仔细清洗发动机。干完了从车盘底下爬出来，作业服准被冰水浸个透，浑身上下弄得泥猴儿似的。

　　雷锋还有个钻劲，他依靠自己研读机械原理书籍，解决过不少次机器故障。

　　李师傅这人直脾气，想挡着他夸徒弟都不行。白主任和李师傅凑到一块儿也常感叹：当初还做着给他当保姆的准备呢，这下都不知道谁给谁当保姆了！

　　雷锋到鞍钢几个月了，除了工厂发的工作服，平时仍然穿着他在团山湖农场时的一套旧衣裤。不少伙伴提醒他：鞍山不比团山湖，假日出去玩玩，没几件像样的衣服，太土气了。

　　是啊，忙得都很少出去玩了，走到大街上，看看别人，再看看自己，是有些"土气"，这可不像以前那个走到哪里都很光鲜的雷锋！雷锋赶紧跑到鞍山青年商店买了身行头，棕褐色皮夹克、深蓝色料子裤、雪白的衬衫，把自己打扮了起来。

　　穿上这套服装没几天，他收到一封望城县委的来信。

　　原来，雷锋到鞍钢以后，几次给关心过他、教育过他的县委领导写信汇报自己的思想、工作情况。这封1959年春天望城县委赵书记写来的信，充满兄长般的手足之情，还告诉他，家乡的人民一直响应国家号召，过着艰苦朴素的生活，提醒雷锋不要忘本。

　　看完赵书记的信，雷锋不由低头看看自己身上这一身时髦行

化工洗涤车间二三号甲吊车班甲车组红旗组
1959.2.23.

图二十四 1959 年 2 月雷锋所在的鞍钢化工总厂洗煤车间北甲吊车组被评为红旗组，全组成员合影留念。

头。当时，化工总厂正在开展增产节约运动，车间党、团支部要求大家发扬工人阶级艰苦奋斗的优良传统，做增产节约、生活简朴的模范。

雷锋立刻把新买的衣服锁进了皮箱。

雷锋在洗煤车间一共工作了九个月零五天。

当时车间评比先进的规定是：推土机作业班每周评一次生产标兵，每月四次，连续三个月就是季度先进生产者。

雷锋在推土机班只干了三个季度，三次被评为先进生产者。就是说，几乎每周他都被评为了生产标兵；他还五次被评为车间红旗手以及职工夜校优秀兼职语文教员，出席了鞍钢青年社会主义建设积极分子大会。还不到19岁的雷锋，成了鞍钢最年轻的先进工人。

可是，先进不是好当的，雷锋要承受更大的压力了。

手记 / 16

谦恭为上：习惯决定命运

记得有本讲述如何与上级沟通的书里，列举了八条与上级沟通的技巧，从雷锋身上，我们可以逐一印证这些技巧，不妨写来与大家共勉。

1. 让自己的态度得到上级的认可（主动要求去炼钢第一线）。

2. 强化自己在上级眼中的形象（认同领导的螺丝钉说法）。

3.赢得上级的接纳和尊重（为理想而来鞍钢）。

4.选择说话和做事的时机（知道对师傅的不信任说什么话）。

5.让上级感受到自己的期望与进取精神（告诉白主任自己有远大理想）。

6.让上级看到自己强大的业务能力（以前开过拖拉机）。

7.巧妙说服上级（告诉上级什么苦都吃过）。

8.与上级谈心并和谐相处（见面就赢得白主任好感并表决心给李师傅）。

用现在的话说，雷锋已经算是个成功人士了。然而成功只是结果，大量的付出才是成功的基础。衡量一个人是否成功不能看他得到了多少，而要看他付出了多少。

如果把事情做得好到超出任何人的想象，想不成功都很难。

如何在现有岗位快速发展？

雷锋的做法是：做对事，也做对人。在学习、掌握技术方面，可以很迅速地做到。既要技术好又要处理好人际关系，就非易事。这必须有很高的情商和非常真诚的态度。雷锋做得很好，他对现在的师傅（领导）和以前的领导，对在眼前和不在眼前的领导，同样谦恭，因为这种良好的待人接物方式已经融入了雷锋的生活，已成为他的习惯。

谦恭为上，仁者无敌。诚哉斯言！

图二十五 这是 1959 年春天在职工夜校做兼职语文教师时雷锋在照相馆拍的照片。
小桥流水的背景，围着颇有文人气质的围巾，手里拿着书卷，穿着锃亮的黑皮鞋，
装束非常浪漫时尚。雷锋不光形象时尚，他也是一位非常称职的优秀语文教员。

5. 那地方艰苦

1959 年 8 月中旬，鞍钢决定在弓长岭矿山附近新建一个焦化厂。

总公司召开大会，让各分厂车间领导召开动员大会，号召大家报名。

于主任心里着急起来，因为他知道，这种事雷锋一定会第一个报名，他可不愿意把自己最得力的部下放走！

弓长岭是大山沟，条件很差，没有宿舍，只好暂时住在几间破旧的土屋里，食堂也是临时用苇席搭建的，用水更要跑两三里路去挑。

回到车间，没有张罗开会，于主任先找到白主任。两人一拍即合：小雷这样的好苗子，可不能让他走！可是，人家如果来报名，也不能劝人家说"那地方艰苦，你不要去"。两人想来想去，雷锋最听李师傅的话，去找李师傅。

说了半天，李师傅也是一筹莫展：

我怎么和小雷说啊？就说弓长岭那地方艰苦，不如留在这里好？

雷锋如果走了，你琢磨着谁不舒服？

也是，和雷锋简直亲如父子，李师傅也舍不得雷锋走，硬着头皮，谈谈就谈谈。

结果可想而知。

好青年志在四方，我愿意到一般人不愿去的地方去磨炼。再说，我的青春不全属于我自己，应该属于咱们这个社会主义大家庭。为这个大家庭出力，就是为自己出力啊！

李师傅没能说服雷锋，倒让雷锋给说服了。

动员大会上，听说是去新建一个焦化厂，会场上鸦雀无声。谁都明白，到弓长岭，一切白手起家，连个吃饭睡觉的地方都没有，遭罪啊！

起初，于主任和白主任见雷锋也沉默不语，李师傅自在地抽着烟，两人放心了。于主任又说了一遍：

这是响应党……

雷锋一下站起来：

主任，我愿意！

两位主任顿时都把目光转向李师傅，李师傅带头鼓掌。

接着就有人报名了。

两位主任知道，这是雷锋带头的结果。留人看来是留不住喽！

图二十六 1959 年 4 月 11 日，雷锋（后排左二）所在的北甲吊车组在鞍钢化工洗煤车间第五高产周再次被评为红旗组时，全组成员的合影。

雷锋是所有人中表情最好的，还穿着他最好的衣服——黑色皮夹克，显得青春有朝气。

手记 / 17

关键时刻，关键举动

什么叫"关键时刻"？关键时刻就是决定事情发展方向的重要时刻。

雷锋面临的现状，就是如何面对这个关键时刻。

在我们的日常生活和工作中，我们是否总能在最需要的时候站出来呢？

其实，以雷锋所表现出来的影响和组织能力，如果是在今天的企业，他可能会被快速提拔了。

雷锋抓住了关键时刻，并迅速获得了人所共知的成绩，他的人生目标还在向前，并没有在鞍山画上句号。

6. 放到哪里都闪亮

去弓长岭那天，阳光灿烂，一群朝气蓬勃的年轻人坐着大卡车，一路唱着歌开进了山里。

等到了场部，所有人都傻眼了。说是宿舍，其实就是土坯和油毡纸搭的"窝"，食堂是用苇席围起来的，真正的厂房和职工宿舍的地基才刚刚挖开。也就是说，以后的日子里，每天要走山路、干泥活、住工棚、吃酸菜，用水也要到两三里外的地方去挑……

这对在条件优越的鞍钢待惯了的青年工人们来说，是完全没有想到的，接下来的一段日子，抱怨声不断。

> 既来之则安之。咱们是来创业的。当年的鞍钢不也是在一片荒地上建起来的？等现代化的焦化厂建好了，咱以后就能对来这里享"清福"的晚辈说：这可是我们一手建起来的！咱在鞍钢炼的是钢铁，在这里则是要把自己的思想和毅力炼成铁炼成钢……

雷锋这样开导了很多人。

为了鼓动大家提高积极性，每当晚上没事的时候，雷锋就找来一些革命书籍给大家读。讲得最多的就是《钢铁是怎样炼成的》，他绘声绘色地给大家介绍保尔是如何从一个普通少年，在经历了种种艰难困苦以后，九死一生，百炼成钢，终于成为一名坚强的革命战士的。

许多工友听了雷锋的讲述以后，就去找这本书看，看了以后又都跑回来听。还是雷锋讲得好，看书还没有雷锋讲得有意思呢。

在弓长岭的雷锋，依然保持了当通讯员时候的好习惯。每天不管有多累，总是早早就起床，为大家打来热腾腾的洗脸水，晚上要看着大家都睡了才去休息。在工地上，一有工间休，他便掏出竹板，"吧嗒""吧嗒"打起来，给大家说说快板，调节气氛：

打竹板，响连天，
各位同志听我言：
革命青年志气大，
来到山沟建焦化。
走山道儿，干重活儿，
困难多，条件差，
要问我们图的啥，
为了1070万吨炼钢任务早拿下！

队长和股长每天看到这情景最是高兴，因为自从有了雷锋的这些做法，抱怨声越来越少，大家的干劲越来越大。他们也很心疼，因为才来半个月，雷锋忙前忙后的，已经瘦了大半圈了。

总厂让雷锋去了新建筑工地，因为那里不仅需要推土机手，更需要像他这样朝气蓬勃的青年骨干。

在一个寒冷的日子，见到水泥搅拌不匀，雷锋第一个光着脚跳下去，用身体搅拌，其他人受到感染，也跟着跳到冰冷的水泥浆里搅拌起来。

雷锋在弓长岭矿焦化厂一共工作了四个月零十三天。

雷锋热爱工作，以致一旦工作起来就不计时间，每次交班，同事总要等他一二十分钟，甚至半个钟头才出车回来。尽管劳动超过了工时，可他还要仔细地把机车再检查一遍，把油添足，把检修用的工具一一清点，才不慌不忙地交班。

1959年11月14日，焦化厂专列拉进几车皮建焦炉急需的高标号水泥。夜间十点多钟，天气突变，风雨将至，当时把厂调度员急得直打转转。正在宿舍看书的雷锋，看到调度员着急的样子，就主动问有什么事，调度员就把水泥的情况说了。这时黑云密布，已经开始下雨。在这紧急关头，雷锋马上将自己的被子拿出来去盖水泥，并动员全宿舍的职工抢运水泥。在雷锋的带领下，7200多袋水泥安全转运，避免了一场重大经济损失。

雷锋的工资在当时按7级工算，每月才22元，加上补贴也就30元多一点。他在来鞍钢之前，在湖南工作的工资已经有每月32元钱了，雷锋是放弃了原来的"高工资"跑到钢铁厂来的。

雷锋对自己的收入并不是那么看重。1958年冬，国家号召人民储蓄，储蓄员专门到鞍钢来动员，雷锋自然是积极参加。他的师傅李长义回忆："雷锋把生活安排得条条有序，月月有余。每月开工资前，都事先把钱计划好，先留出饭钱，一次电影钱，生活用品费用，剩下的全部存银行。"

雷锋对待工作忘我的态度和言行，即使是在那个人人讲为人民服务的时代，也是不被很多人理解。

"大跃进"时，鞍钢的工作任务压力更大了，化工总厂也搞了"钢铁元帅升帐"，在煤场一侧修了一座反射炉，抽调各班工人参加炼钢。因为雷锋所在的推土机作业班人手少、任务重，就没有抽调他们，可雷锋却利用休班时间主动地参加了炼钢。

工人都是昼夜三班倒，每班八小时，雷锋每天则要上两次班，一次来推煤，一次来炼钢，忙得他吃不好饭，睡不好觉，干劲却很足，而且干脆把被褥搬到了车间。工友都不理解，心疼地问他：图什么呢，又不给钱？雷锋回答说他是苦孩子出生，一想到能为社会主义建设多出力，浑身就有使不完的劲。

雷锋在化工总厂洗煤车间也经常帮助工友解决力所能及的生活困难，比如：捐助老乡 20 元钱给他家庭困难的母亲；捐出 10 元钱和 8 斤粮票给被偷盗的工友；还为过不惯北方生活的女同事做思想工作。这些好人好事在后来雷锋成名之后，都被大家回忆了起来。

不久，弓长岭焦化厂建好了，雷锋因为突出的表现，获得了很多荣誉，成了焦化厂的骨干工人，摆在雷锋面前的，是一条铺满阳光的大路。

然而，永不满足的雷锋又做出了一次出人意料的选择。

手记 / 18
您清楚生命中什么最重要吗

雷锋头脑清楚，目标坚定。他的理想就是随时到国家需要的地方去，哪里有困难去哪里。他从一开始就知道自己想要什么，想成就什么，生命中什么是最重要的。

不但知道，而且非常清楚；不但清楚，而且勇于追求、义无反顾、锲而不舍！

只有这样，雷锋才能有用不完的激情，无论遇到什么艰难险阻，都能以乐观的精神面对，同时还尽可能多地影响周围的人。

古人云：大行不顾细谨，大礼不辞小让。

F

想当兵的雷锋：
为理想预热

从解放军开进简家塘那天起，雷锋的心里就有了一种强烈的当兵情结。这天，征兵的消息传来了，雷锋的激情又燃烧了起来。但是想当兵，先要过了厂里这一关……

时代背景

　　1960 年前后，中国遭遇三年自然灾害

择业契机

　　1959 年底部队来鞍钢征兵

获得工作的方式

　　不畏周折，以情感人，积极行动公关成功所有征兵干部

1. 立志当兵报名遇阻

1959 年 11 月，雷锋来弓长岭焦化厂已经四个月，这天，他得到一个消息：冬季征兵工作已经开始，焦化厂也要征兵了。

1959 年 12 月 9 日，雷锋写了激情澎湃的文章《我决心应招》，还发表在弓长岭的《矿报》上。雷锋先通过发表文章来让上级领导知道自己的决心。

雷锋第一时间到党支部去找李书记。

李书记正为这事犯愁呢，他已经听说雷锋在到处打听征兵的事了。

雷锋是块好材料，到哪儿都是好样的。他要是真的当兵走了，焦化厂可就少了一员大将！

没别的招儿，以情动人吧。看着雷锋走进办公室，李书记格外亲热：

这大冷天的，外边还下着雪，你怎么连棉衣都没穿？

李书记忙脱下自己的棉衣给雷锋披上。

李书记，我能入伍当兵吗？参军是我从小的愿望，您一定会支持我吧？

李书记心里一紧，但还是微笑着：

像你这么出色的青年，当然能当兵！但是小雷啊，热情归热情，你的身体条件，恐怕……

觉得我能当兵就行，身体情况也不是绝对条件。

雷锋嘴上这么说，心里可也没底，因为李书记说的是客观事实。

回到宿舍后和工友们聊起这事，有人问雷锋：如果体检真的不合格，你准备怎么办？这一问还真把雷锋的"拧"劲给逗起来了，他一副义无反顾的样子：明天我就去辽阳看看，应召不上，我就不回来！说完，他坐下来琢磨了几分钟，先写了一份入伍申请书。

再说李书记那边，雷锋一走，他急忙把人武部管征兵事务的陈股长喊了来。

雷锋一心要当兵，他可是我们焦化厂的顶梁柱……

李书记放心，只要咱们想留人，部队是抢不走的。

再说，雷锋的身体条件十有八九是通不过……

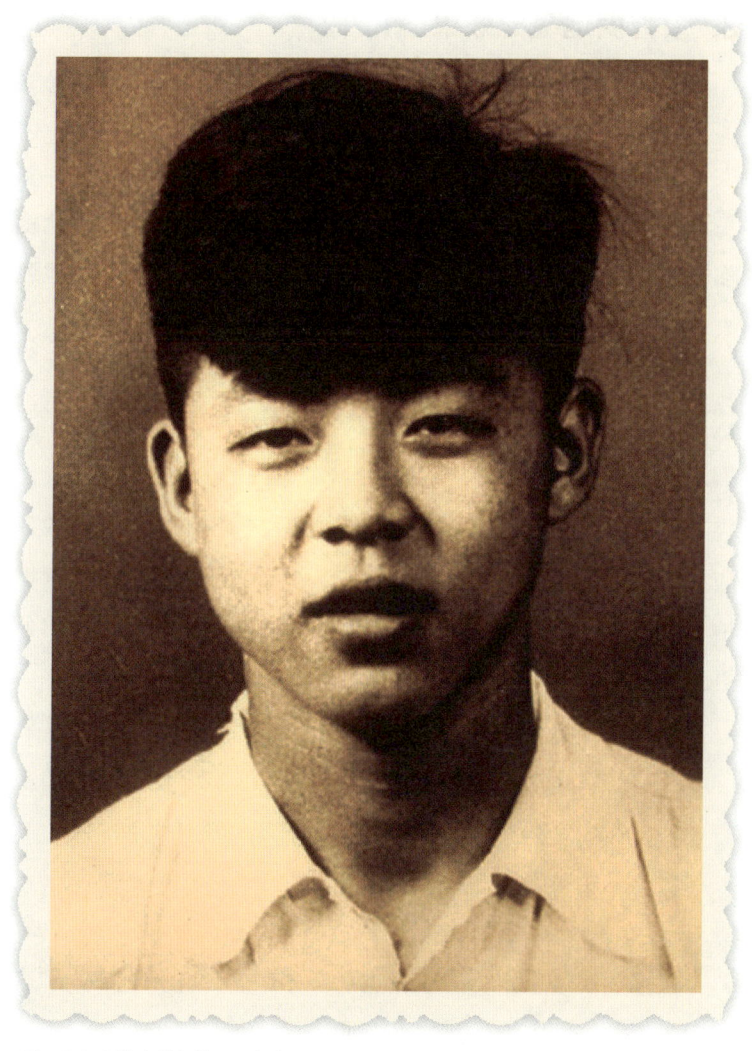

图二十七 雷锋在鞍钢做了一年多工人。

这张照片形象更加成熟，成为鞍钢优秀工人的雷锋，不但获得了很多荣誉，工资也由 22
块钱涨到了将近 40 块钱。但是他依然还有更远大的理想：当兵去！

2. 荣誉糖炮毫无效果

雷锋连夜写好入伍申请书，第二天一大早饭也没吃，就跑到陈股长的办公室门口等着。看到陈股长走过来，迫不及待地迎上去，把申请书塞进陈股长手里：

国家需要好男儿走进部队、奔向战场，我要当兵！

陈股长进了办公室，本想随便把雷锋的申请书看上一眼放一边算了，李书记是已经放了话了的。可看着看着，股长不禁动了情，就雷锋这种热情、这种劲头，到什么岗位都能做得非常出色！可是，要配合李书记，得把雷锋留下来。

一颗红心两手准备，你个头这么小，万一体检不合格
怎么办？话又说回来，留在焦化厂，不也照样干革命吗？
现在国家最需要的是战士，无论如何，我要当兵！

雷锋的决心坚定，陈股长也意志未减，便连忙把事先和李书记商量好的"糖衣炮弹"端出来了：

李书记让我通知你，去厂部参加先进生产者、红旗
手和工段长以上干部大会，你要发言。

虽然一门心思想着当兵，但雷锋向来都把做好本职工作看做第一位的大事，他立刻转身回去写表彰大会发言稿。

　　在那次的先进生产者、红旗手授奖大会上，雷锋作为先进生产者首先发了言，第一个胸前戴上了大红花。开完会，回到宿舍，雷锋还沉浸在兴奋中，他觉得这次受奖，可以算是他在工厂这段战斗生活的结束，他为自己的表现得到大家承认而感到欣慰，特别感激组织的关怀，让他的工人生涯画上了一个圆满的句号。想到这里，他又不禁激动地翻开了日记本，在上面写起来……

　　就在这时，同宿舍的工友回来了，进门就问：

　　你不想当兵啦？

　　这话问的，谁说不想？！

　　参军报名名单都用大红纸公布出来了，上面没有你的名字呀！

手记 / 19
目标明确：降低沟通成本

在没有想出有效办法时，先按自己的本性做事。要想成功，先从眼前做起。

有时候存在这样的问题：有没有机会做一件事要比把这件事做成什么样子重要得多。先得到机会，以后的发展才有可能。如何把握关键时候关键环节的处理，至关重要。

一个团体想留住人才，一般用这样的方法：情感留人，事业留人，待遇留人。

鞍钢的领导们明白，对雷锋这样的人，只有打情感牌才有可能留住雷锋。

而雷锋对当兵这件事所表现出来的坚定则说明，他确实对自己的行为、目标想得完全通透了。

雷锋给我们的启发是：无论想让别人同意我们做什么，还是我们想拒绝别人什么，清晰地表达出自己的意愿，坚定地表明态度，可以大大降低沟通成本。

雷锋就是这样做的。

3. 申请榜上补报名

　　雷锋一步蹿出宿舍，一直冲到公告牌前，左看右看，果然没有自己的名字！赶忙向陈股长的办公室跑去。

　　名单上怎么没有我的名字？

雷锋眼泪都快流出来了。

　　要是当不了兵，我还能当上英雄吗？黄继光可一直是我心目中最光辉的榜样！

　　小雷啊，你的申请书李书记看了，认为你写得非常好，有水平，当时就让我交给了矿报，他们要全文发表。不过，你身体不够强壮，所以……

　　身体条件行不行，只有参加体检后才知道呀！当兵自愿，做领导的怎么能不征求一下本人意见，就把人家的名字从报名的名单上给拿下来了呢！

　　雷锋倔起来，那脾气，十头牛也拉不回来！陈股长现在算是领教了。雷锋要当兵，想阻拦看来是不行了。再想想，他的身体条件十有八九是够呛，到时候因为体检不合格让他彻底死心，也好。

看着陈股长在参军报名表中填上自己的名字，雷锋放心了。可是，他也知道，自己的身高的确实是个大问题，对此，他还没有想出好的应对办法。他跑到操场去，把自己挂在单杠上，狠劲拉了又拉，可这没有一点用啊。

　　雷锋在忐忑不安中，盼到了体检这一天。

4. 体检站痛说家史

焦化厂是真舍不得雷锋走啊，去体检临上车前，李书记还把雷锋找去，说：如果体检不合格，那就赶快回来！在焦化厂，照样也能为社会主义打冲锋！尽管觉得体检一关就可以把雷锋刷回来，但是书记心里莫名其妙地含糊，这孩子是个认准一条道一直跑到黑的人，万一哪个部队领导喜欢上他，没准就破例把他招收了去呢。

雷锋完全明白领导的意思，但是自己要求参军的态度是不会变。从小到大，他最大的愿望就是当兵。他一定要当上！

小屯新兵体检站早已挤满了人，有不少家长模样的人也等在那里，大概是陪孩子来体检的。

出来的时候走得太急，没清点人数，一下车大家就都散了，带队的陈股长想让雷锋帮着把人召集起来，可是等他找到雷锋的时候，雷锋已经被一群叔叔阿姨围住了，好像已经很熟悉的样子，还听见有人议论：这个小个子就是雷锋……

他们怎么认识雷锋？陈股长一听才恍然大悟，雷锋正在这里给大家讲他的家史呢。周围的人都知道了，他是个孤儿，命苦。兵役局那边的人回来说，他在那边也讲过了。这个小雷，连兵役局都去过了，看来要想拦住他，要好好动动脑子才行！

下午才能轮到焦化厂体检，陈股长想趁着中午一点时间和雷锋好好聊聊。可是，等他再次找到雷锋时，发现他又被一群人围着，

119

正激动地讲着什么。围过去一听，原来是在讲适龄青年主动报名应征的意义呢。

人们听得津津有味，陈股长始终找不到合适的机会和雷锋说话。

手记 / 20
秀，不是目的

人是从哪里获得动力的？

在现实生活中，我们需要从四个层面不断更新：物理层面（身体素质）、智力层面（知识、技能）、情感层面（人际关系）、精神层面。从这四个层面不断审视自己、认知自己，才能正确地选择人生的道路。雷锋从新式农民、通讯员到工人，再到选择当兵，就是根据社会环境不断更新自己的结果。

"痛说革命家史"在今天看来，可能有点可笑。但是，当时这是让别人了解自己的最快捷、最主流的方式。无论在哪里，雷锋都是个能够迅速融入团队的人。

我们现在听到的最多的词是"秀"，有句流行的口号说"秀出我自己，有什么不可以"，似乎能否展示自己仅仅和胆量相关。其实更为重要的是"适合"。不能为"秀"而"秀"。适合自己的能力和爱好且惠及他人即可，太功利就变味了。

因为，秀的目的不是我们要秀，而是我们希望得到大家认可。

很多人在沟通当中经常犯的错误是：我要说什么，你们听着点。

结果呢，自己说的话别人未必听得懂，未必能听进去。其实，沟通的主要目的是说服别人，所以用他人最容易接受的方式去说，才最容易达到目的。

G

要当兵的雷锋：
把不可能变成可能

雷锋想当兵，是他的人生终极规划。但是身高只有 1.54 米，体重不到 50 公斤，想当兵根本不合格。可是，雷锋居然把不可能变成了可能。

时代背景

1959 年底—1960 年初

时间

1959 年底—1960 年初

事件

部队到雷锋所在的鞍山钢铁厂招兵

现状

雷锋要实现当兵愿望

关键词

打扫卫生　苦难家史

1. 个矮身轻不合格

整个上午，雷锋除了时不时聚起一堆人给人家讲话，就是东串西走，到处打探情况。

焦化厂的体检开始了，可雷锋又不知道去哪儿了，等他回来陈股长批评他一点组织纪律性也没有时，雷锋却很得意，因为他刚才找到了接兵的首长，跟人家谈话去了。

轮到雷锋体检了。

量身高。雷锋站在仪器上，把腰板挺得直直的，还没忘了和医生搭话：

医生，我个子虽然矮了点，可是我修堤筑坝、开荒、炼钢、开推土机都做过，而且处处都是一把好手。

是矮了点，一米五四。

个子矮也有好处呀，动作灵活，埋伏起来还不容易暴露目标。

称体重。雷锋蹲下又站起来，想方设法去压秤。

别折腾啦，再使劲也是四十八公斤。

这两天感冒了，今早到现在我还没吃饭呢。

医生被雷锋逗乐了。

说话要实事求是，我们刚刚不是都吃了两个酥火烧，一大碗酸菜吗？

陈股长在一边插话，雷锋瞪眼看着陈股长！
查外科。雷锋背上赫然一片刺目的疤痕。

这是旧社会要饭时得背花疮留下的，差点要了命。
所以，为了保卫今天的幸福生活，我才要求参军的！

医生什么话也没说。

走出体检室，看见陈股长正跟那个接兵的首长说着什么，雷锋敏锐地感觉到，可能情况对自己不利。

他知道，一米五四的身高、四十八公斤的体重，离身高一米六零、体重五十公斤的标准差一截子呢！心里有点沮丧。雷锋跑进院子里，抓起墙角的一把扫帚，使劲扫起地来。体检结果不好，下一步一定要稳扎稳打。

这事也怪了，这边陈股长和接兵的领导正在说雷锋的情况，说他在焦化厂表现突出，领导对他十分器重，不希望部队把这样的人挑走。接兵的领导转头看着扫院子的雷锋，不由得还就有几分喜欢：这小家伙，有股子倔劲，是当兵的材料！

接下来的目测跑步中，雷锋因个子矮又被刷了下来；在稍后的体检中，又被查出有副鼻窦炎。雷锋的入伍体检是全线溃败了。

不说雷锋因为体检没过关，心里有多么难过，只说陈股长一回来就把雷锋的情况汇报给了李书记，李书记心里这叫踏实：体检不合格，没希望当兵了。雷锋，你就留在我们这里吧！

李书记高兴！可是书记哪里知道，雷锋又"活动"开喽！

手记 / 21

百折不挠：面对逆境的态度

尽管体检的时候，雷锋也做了种种努力，但第一步就全线崩溃。怎么办？雷锋不仅目标感非常清晰，又能落到实处，知道从哪里入手，而且下了决心，九条牛也拉不回来。体检不合格，没有吓到他。

生活中我们都有遇到难题解决不了的时候，面对逆境，有的人努力奋争，百折不挠；有的人浅尝辄止，挣扎几下后，偃旗息鼓；有的人心怀恐惧，绕着问题走。不同的态度就会导致不同的结局，努力争取的有可能就达到目的了，而缩手缩脚的只能碌碌无为下去。

谁都希望自己顺风顺水，但是这永远只能是一个美丽的梦。

雷锋就是那个努力奋争的人，我们应该学习雷锋的做法，永远不要为了阶段性的困境而放弃目标，也不要奢望目标立刻就能实现。尝试着把自己的大目标规划分成阶段性的小目标，逐步鼓励自己，要坚持到目标实现。这样可以在陷入困顿时，不至于因盲目而不知所措。

目标或许就在这样的过程中逐步实现了呢。

2. 直冲政委软硬泡

这天一大早，辽阳兵役局的余政委就被雷锋给缠住了。因为体检不合格而被淘汰的雷锋备受打击，回到焦化厂，琢磨了一夜，他决定发动一次"全面进攻"。

雷锋向团总支请了假，跑到了辽阳兵役局，找到一位姓陈的同志讲了自己的情况，但是人家把原则解释清楚以后就没工夫和他细聊了。

过了一天，雷锋又来到兵役局，这回，他直接要求见"兵役局的领导"。主管征兵工作的余政委有事外出，他就一连在兵役局等了几天。

终于等到余政委走进兵役局大院，雷锋立刻扑上去抓住他的手。

雷锋强调，自己身体不合格是旧社会造成的，如今是新社会了，不能让他这个苦孩子再受委屈。

软磨硬泡要当兵的人，余政委见过不少，但是雷锋让他感觉不一样，这孩子就一根筋，没有杂念。

余政委让雷锋先回去，他自己则直接把电话打到了焦化厂李书记那里，两人没聊几句，余政委就听出来了：焦化厂舍不得这个人！

雷锋呢？他那天也根本就没有回弓长岭去，而是跑到火车站候车室对付了一夜，第二天又早早地来到兵役局，直接跑进了接待室。

听说雷锋又来了，余政委有些无奈地摇头笑笑，这个小鬼，可惜啊！他准备直接和雷锋把话讲明，好叫他死心，省得来回跑。

雷锋不放过任何一点机会，找到分管征兵的余政委，就开始了绝不放弃的争取和努力。直到余政委的态度也有了变化，开始同情雷锋。雷锋的表达能力和口才在争取当兵的过程中，施展得淋漓尽致。

3. 苦难家史获生机

余政委安慰的话还没说完，雷锋的眼泪就止不住地往下掉，难道这辈子真的当不了兵了？

余政委，您还不了解我的身世，您要是知道了，就会理解我为什么会强烈要求当兵了。

余政委已经听说雷锋的身世很苦，也很典型，他自己想了解这个雷锋，也想让兵役局的工作人员听听，给大家一次受教育的机会。于是雷锋在兵役局全体同志面前，讲起了自己的苦难家史，讲得许多人当场掉下了眼泪。

家史讲完，雷锋转向已经感动不已的余政委：

我的身体条件不合格，那是旧社会折磨的啊。您想，一个挨饿受冻又差点丢了性命的伢子能长出好身体吗？把旧社会的折磨记到现在的账上，这能说合理吗？

眼见这句话对余政委产生了极大震动，雷锋接着说：兵役法规定，保卫国家，人人有责，我这样的人有没有这样的责任呢？

有！

余政委脱口而出，但又马上补了一句，可你的身体状况不行啊！

　　我可以进部队锻炼嘛！您是政委，又是老红军，您叫我去我去，不叫我去我也要去。穿军装当兵，不穿军装我也当兵！

雷锋马上意识到自己这话有漏洞，可是不等他纠正，余政委就顺水推舟：

　　对呀，前方后方都是战场嘛！

关键时刻，雷锋的反应也很快：

　　如果前方和后方都一样，怎么还分前后方？怎么还分身体条件啊？

　　余政委一愣，不禁笑了。在场的人也都帮着说情，雷锋这样的好青年，决心又大，即使身体条件差点儿，也应该可以去当兵。

　　同情再加上喜欢，余政委当即决定，给雷锋争取一次复检的机会。

　　不放弃任何一次努力的机会，雷锋把苦难家史一讲，不但让余政委的态度有所松动，也赢得了兵役局所有人的同情和好感。是人都讲人情，雷锋这次的人情牌起到了效果。

苦难家史：挖掘自己的成功宝典

人生道路上，每个人都有自己独特的制胜宝典。所谓"天生我材必有用"，只是有的人用得好，有的人拥有而不自知。

雷锋不但拥有而且知道怎么用。他的宝典就是他的苦难经历。他从第一次参加斗争地主大会痛诉苦难家史开始，每次在他人生转折的重大关头，苦难家史的经历都会起到关键性作用。

雷锋把经历写成文字，也会在特定的场合和别人诉说。而这些都起到了他希望的作用，很快实现了人生的转折。

这段苦难经历对于所有的人产生了巨大的影响力，并在他后来到部队时所做的多场忆苦思甜报告中达到了顶峰。

所以，善于挖掘自己的独特性，这是每个渴望事业有成的人应该思考的。

4. 打入内部有人帮

　　雷锋回到弓长岭，再次向李书记表明了要求当兵的决心，他再次请了假，然后拎着皮箱子直接又去了兵役局，找到余政委。那架势，不用多说就能看出来：我这点家当全都带来了。我是真的不走了，这兵叫当不叫当，都当定了！

　　雷锋放下箱子，就开始抹桌子、扫院子、打开水，俨然已经成了兵役局的工作人员。

　　他在辽阳兵役局一住就是好多天。在这样的地方，雷锋得心应手，曾经在望城县委当过通讯员的他，机灵可爱，凡事又勤快，总能做到让周围每一个人都无法拒绝他的好心和帮忙。特别是那些老同志，心里刚想到什么事情，比如：早晨刷牙洗脸，晚上洗脚上床等，雷锋都能给他们早早地安排得妥妥帖帖。

　　没几天，兵役局大院里所有的人都和雷锋很熟了，都了解雷锋一心想当兵的事，见到余政委的人都会来一句：不叫这孩子当兵太可惜！所有人都夸奖雷锋觉悟高、人缘好，最后连体检的医护人员也来反映说，雷锋每天都为各房间打扫卫生，还帮着读报纸、念材料，这样的优秀青年，应该吸收参军！

　　余政委纳闷，事情竟然到了这样的地步？弄得好像就自己一个人挡着不让雷锋当兵似的。但是余政委自己也说服不了自己了，在他和雷锋说话的时候，口气越来越不坚决。雷锋也看得出来，余政委越来越喜欢自己了。

有一天，一下午都没看见雷锋，小雷知难而退了？

余政委心里还真有点别扭。可是等他晚上回到家里，就看见雷锋正跟着妻子在屋里屋外地忙活，一口一声"田阿姨"地叫着。而且，雷锋也不知道有什么魔力，只是一个晚上，便叫自己全家老小都喜欢上了他。

余政委看到雷锋放在门口的那只皮箱子，随口问雷锋：箱子里到底装了些什么。等雷锋打开，余政委一看，箱子里几乎全是书，竟然还有一卷很少见的《毛泽东选集》。翻开那本书，里面的文章四周写满了心得。读了几句，余政委惊奇地发现，小雷锋的理解能力很强，还非常有见地！看来是小瞧他了。

余政委原本觉得雷锋虽然思想进步，但是嘴巴似乎太灵，做事也似乎太乖巧了点。现在看来，这个小雷确实是一个有觉悟、有成绩、有水平的好青年。

余政委来了兴致，他要和小雷"盘盘道"，一起背诵"老三篇"。雷锋一看余政委情绪这么好，自己马上行云流水般背了起来。

余政委暗暗佩服：真不简单，对于一个仅仅高小毕业的小青年来说，这要用多大功夫啊。不是真有远大理想的人，哪里肯下这样的功夫，能有这样的恒心！

吃饭的时候，田阿姨问起雷锋家里还有什么人，雷锋的眼泪又情不自禁地掉下来。田阿姨忍不住追问雷锋的身世，谁知雷锋一讲，她听着听着，竟然把自己听哭了，一个劲儿地安慰雷锋：

　　孩子，从今天起，这里就是你的家了。参军的事，你就放心，老余不把你送到部队，我就不依他！

手记 / 23

自信的本钱：打铁还需自身硬

　　洛克菲勒说：自信能给你勇气，使你敢于向任何困难挑战；自信也能使你急中生智，化险为夷；自信更能使你赢得别人信任，从而帮助你成功。这段话用在雷锋身上再贴切不过。因为对自己有信心，雷锋一步一步化渺小为伟大，化平常为神奇，何况雷锋天生就具备成功人士们具有的品质，不达目的誓不罢休。

　　雷锋不但自信，还很有能力，他的学习能力、沟通能力、解决问题的能力都是少见的。自信加能力，离成功就不远了。

5. 政委无奈家中客

从那天以后，雷锋一天来一趟余政委家，和田阿姨相处得像母子一样，而且只要一帮着田阿姨忙完，就笑眯眯地在余政委周围忙来忙去。

余政委看着这孩子的勤快劲儿，想说什么都欲言又止。

你陪你阿姨去吧！

田阿姨说了，让我跟着您，走哪儿跟哪儿。

走哪儿跟哪儿？怎么，还我吃哪儿你吃哪儿，我睡哪儿你睡哪儿是怎么的？余政委急了。急也没用！反正有"后台"，雷锋只是一个劲儿地笑着。

每到关键时刻，田阿姨自会走出来：有小雷这么个机灵细心的孩子在你身边，我可放心多了，有什么事也好有个照应。

余政委要是抓起公文包往腋下一夹，"哼"一声转身走了，田阿姨一准儿就冲雷锋使个眼色，雷锋马上一溜小跑就跟上去。

雷锋是真像田阿姨嘱咐的那样，余政委走到哪儿，他就跟到哪儿，上车下车、穿衣戴帽、吃饭喝水、刷牙洗脸……余政委需要做的样样事情，事先都被雷锋给准备了个停当。其实不光是对余政委，只要有机会有可能，雷锋对所有人都这样，还都做得自自然然。

余政委觉得事情越来越难办，他决定去趟市委。一来把雷锋支开一会儿，二来，雷锋的事他必须认真考虑，去趟市委没准能找到点其他的解决办法。

就这样，帮雷锋参军说关键话的人出现了！

手记 / 24
坚持：过程中必备的品质

人生的道路一旦选定，就要勇敢地走到底，绝不回头。雷锋就是这样，一心当兵的理想，十头牛也拉不回来了，他的坚持，他的耐心和恒心，终于因为他这种坚持，使得关键转机来了。

美国发明家爱迪生说过；"无论什么时候，不管遇到什么情况，我绝不允许自己有一点点灰心丧气。"

坚持的力量，赢得了更深入的支持，雷锋在逐渐接近自己的理想。

6. 市委书记下指令

余政委心里矛盾：你说不帮雷锋这孩子吧，自己还真有点过意不去。要帮这孩子吧，那就得实心实意。可是实心实意呢，就要违反规定，违反规定就会犯错误，犯错误可不行！可是不犯错误帮不了雷锋，不帮雷锋……余政委这么多年就没遇到过这么掰不开的事！

这时，他想到了去找辽阳市委的曹奇书记，如果上级领导点个头，那再去找别人办事就好说多了。

车子开到了市委大院，余政委下了车，见雷锋也跟下来了，赶紧摆手让雷锋上车。

雷锋多机灵啊！余政委来市政府的目的，他已经隐约猜到了。他心急如焚地等了半个小时。余政委从办公楼里走出来，挥手让车开回兵役局。雷锋看着余政委脸上没有任何表情，心里怯怯的，嘴里还是忍不住问：

曹书记是什么意思？
你怎么知道我找曹书记是商量你的事？
我知道这几天您记挂着我的事，我把您缠得够苦。

雷锋心里虚，但是脸上还是笑眯眯的。
余政委舒了一口长气：

我刚才把你的事和曹书记详细讲了一遍，他又知道你现在天天缠着我，我把大家的意见也汇报给了曹书记。曹书记拍板，雷锋这个兵你要负责给部队送去，再向部队的同志做好解释。这样的好青年我们不送还送谁呀，政治思想合格不比身体合格更好吗？！

余政委说话的语气竟带着几分得意，他以为雷锋会欢呼雀跃，然而，雷锋眼圈一红，声音颤抖着什么也没说出来。

余政委也被感染了，鼻子也酸酸的。是啊，雷锋这孩子不容易，为了当兵费了多大辛苦啊！等他回过神来，才又对雷锋说：

市委书记拍板也不等于这事就定了，下面还有一大堆人要通气呢，你也要一颗红心两手准备，万一当不了兵，就乖乖地回弓长岭。还是那句话，想干好革命工作，在哪儿都可以！

雷锋还是一根筋：

革命工作一样干，可并不是在哪里都能拿起枪杆子保卫祖国呀！

余政委真拿雷锋没办法，讲什么道理都没用！但是，当兵不是说送谁就一定送得了的，就是市委书记、兵役局长也不能不按规矩办，还必须和临时新兵营的负责军官好好协商。余政委琢磨着，自己出面帮忙协商是一方面，雷锋这个"过河卒子"也要摆到"老将"们面前亮一亮。

余政委已经领教了雷锋的厉害，也让新兵营的军官们领教领教吧！

图二十八 这是1960年初，参军后戴着大红花的雷锋，乘人不注意的时候，一个人遛到照相馆拍的照片。

这次照相雷锋又穿起了他时髦的皮夹克、毛料裤、黑皮鞋，胸前的大红花格外显眼。当兵对于雷锋来说非常不容易，他为了当兵，说服了很多人，过了七道关，最后是以候补的身份当的兵。不管怎么样，雷锋还是心想事成了。这个当兵过程，堪称公关典型案例。雷锋的情商、口才在当兵过程中充分展示，为他赢得了宝贵的机会。

7. 雷锋专用规则出炉

　　赶回兵役局，会议室已经开起了征兵工作会，余政委走了进去。

　　不一会儿，雷锋端着一只茶盘也进来了，恭恭敬敬地给每位领导倒了水，又在每人手边放了一只烟灰缸。荆营长虽然以前也经常在兵役局院里和雷锋打照面，但正面打交道，这还是第一次。看见雷锋面带稚气但很亲切的笑脸，一笑脸上还有两个小酒窝，话音中带着的湖南腔也尽是妥贴温柔，特别好听，不禁冲雷锋笑了笑，他还以为雷锋是余政委的小秘书呢。

　　余政委连忙声明：

　　　　我哪里找得到这样的好秘书！人家是弓长岭焦化厂的生产骨干、劳动模范，一心想当兵保卫祖国，可惜个头矮了点，体检被刷下来了。

　　这时，李教导员发言完了，正等着余政委做总结呢。

　　余政委转身看见雷锋正和戴明章参谋耳语着，一幅熟悉亲切的样子，突然有了主意。他先丢了个眼色让雷锋出去，然后高声说道：

　　　　会先开到这儿，有件事情请大家都忙。刚才倒水的那位小青年，辽阳来的。你们也都看到了，挺有眼力见儿的，挺讨人喜欢，又是厂里的先进青年。这段时间一直在找我，坚决要求参军，我是实在没办法了。

李教导员虽然对雷锋印象不错，却是个老保守，听余政委话里话外掩藏不住对雷锋的偏爱，不禁很敏感：他是你什么人？

余政委知道李教导员的脾气，知道他在原则问题上从来就丁是丁卯是卯，一点不含糊，可他心里有底，说话也就不温不火：非亲非故，刚刚认识。

荆营长也来兴趣了，那你给大家介绍介绍雷锋的情况吧。

余政委开始介绍了，并有意看了看戴参谋。

戴参谋忍不住插嘴了：

这个雷锋我也见过几次，挺有意思的。那天来体检，又是给群众讲征兵的意义，又是打扫院子，勤快得不得了。就是说话快点，湖南腔，不大听得懂。

说着，戴参谋心照不宣地冲余政委笑了笑。

雷锋这小子命真是好，尽遇"贵人"了。余政委心里惊奇又无奈地感叹。

雷锋是个孤儿，从小吃尽了苦头。他的爷爷、爹、妈、哥哥、弟弟，都先后被黑暗的旧社会害死了。解放后，党送他上学，安排他工作，雷锋到哪儿表现都很出色，

又是治沙模范、优秀拖拉机手、优秀推土机手，在鞍钢
还多次被评为先进生产者、生产标兵和红旗手，出席了
共青团鞍山市委召开的青年积极分子代表大会。他热爱
党，热爱毛主席，一心想参军去保卫祖国，入伍动机非
常好……

余政委一口气说了一大堆，自己也觉得自己怪怪的，他同时
用余光溜了一眼戴参谋。

戴参谋听完余政委的话，一脸惊异之色，他不光是对雷锋的
出色表现和成绩感到惊讶，更对余政委如此了解雷锋的情况而感
到吃惊。

戴参谋和余政委认识也不是一天两天，打交道也不是一次两
次了，他知道余政委是个有原则的人，从来不为谁说小话、送人情，
如果雷锋不是特别优秀的青年，余政委不会这么重视、这么费心。

余政委见三个人都听进去了，就更有把握了：

辽阳市委和兵役局都同意雷锋同志入伍，你们也研
究一下吧。

晚上回到家，余政委一看见雷锋就催他回弓长岭，话里话外
很明显地表露：回去等通知吧。

雷锋脸上笑开了花。可是余政委知道，这关口还没过完呢！

手记 / 25

执著的奇迹：如何让规则为你而定

如果比赛场上裁判委员会都支持你，为什么裁判肯为雷锋破坏规则呢？他们当然不会不知道后果。

其实任何规则都是人定的，对规则的解读就含有人性的成分，任何规则背后，肯定还会有更个性的规则。在雷锋当兵的问题上，把最好、最优秀的人输送到部队，才是更高的规则。所以，表面上看大家在违反规则，其实，也都在遵循规则。

这样的违规，不会给任何人带来真正的麻烦，甚至还可以给他们增加做伯乐的感觉，是底线，也是顺应人性，符合常理。

我们在想实现自己目标的时候，是不是也可以学习雷锋，让规则为自己而定呢？

图二十九 1960 年，这是雷锋参军后的第一个春节，他自己到照相馆拍照的。虽然是坐在汽车模型里，但是旁边"奔驰在前线"的字，仍然表达了他为了保卫祖国，随时准备奔赴前线的决心和愿望。

8. 便衣通讯里外忙

第二天一大早雷锋回到了弓长岭，还不到中午，他的参军通知书也送到了。李书记吃惊之余只剩惋惜：人是留不住了！

新兵开进营，余政委的工作也就结束了，剩下的事情由戴参谋办理。下午戴参谋跟雷锋打了个照面，一时差点没认出来。雷锋甭提有多精神了：上身穿着崭新的棕黑色皮夹克，下身穿深蓝色料子裤，胸前还戴着一朵鲜艳的大红花。这和十几天前在兵役局大院里那个穿着旧工作服、声泪俱下地讲着自己苦难家史的小青年，完全是换了个人！眼前这个雷锋看上去那么英俊、威风，颇有一番军人气质和风范。

其实，戴参谋有所不知，雷锋一大早就把自己打扮起来，已经跑到照相馆照了张相了。

雷锋特别喜欢照相，打从小就这样。从做少先队员时照第一张相片开始，他每逢遇到一些有纪念意义的日子，总是把自己收拾得利利落落，跑到照相馆留个影，今天更是不能例外！因为今天对雷锋来说是一个多么特别的日子，他殷切渴盼的军旅生涯终于迈出了实质性的一步，爱美的他当然要以崭新的姿态去面对。看着雷锋干净利落的身影，戴参谋对雷锋报以赞许的微笑。

但是直到这时，雷锋入伍也只能算是从"后门"迈进了半条腿，在余政委那里，他们只有权把他以"便衣通讯员"的身份送进新兵营，让雷锋以这种特殊的方式去接触接兵干部，这也是余政委能给雷锋的最后一个机会，因为雷锋不可能在几天之内长高长胖，复检仍然不会合格。

这几天戴参谋的工作非常繁重，他年年都负责政审和核查新兵，年年都觉得这几天漫长而难熬，但是这项工作可不能有任何纰漏。

每天晚上，戴参谋都要工作到十点多才能把新兵登记表全部核对完，雷锋就一直在旁边帮忙。戴参谋对于雷锋的业务非常满意，他知道雷锋曾经在湖南望城县委当过通讯员，这类事情都是他熟练的业务，而余政委把雷锋送来，无疑是给他送了一个好帮手。

戴参谋曾经在长沙高级工程兵学校工作、学习了四年，对湖南很有感情，他也很快就喜欢上了这个操着湖南口音的小伙子。但是，喜欢归喜欢，原则是原则，几天了，戴参谋、李教导员和荆营长一直在为雷锋的事争得不可开交。他们似乎都没注意到，这些天里，他们各自的办公室都比以前宽敞明亮了很多，那是雷锋抽空为他们打扫的。

这天，三个人又在争论，正好雷锋走进来倒水。

小雷呀，听说你在鞍钢干得很出色，领导也很器重你，还是劳动模范、生产标兵，前途不可限量，为什么非要当兵呢？

雷锋听到这话，马上停下手里的活儿：

首长，您还不了解我的经历。在我们老家望城时，我在县委坚决要求去治沩工地和团山湖农场，就有许多人劝过我；从团山湖农场到鞍钢，也有人问过我为什么工资下降也愿意去。总而言之，我就是要到最沸腾的生活中去，到祖国最需要的地方去。如今我这个从旧社会过来的苦孩子，过上了幸福生活，就应该踊跃参军，主动担负起保卫祖国的伟大责任！

雷锋说得好，三个人心里的天秤一瞬间都倒向了雷锋，谁也不想再争什么了。

图三十 雷锋费了洪荒之力得到的入伍通知书。

手记 / 26
感恩：大爱至善会获得回报

"感恩"是个舶来词，牛津字典给的定义是："乐于把得到好处的感激呈现出来且回馈他人。"感恩就是对给予自己关怀和帮助的人抱有感激之心、感谢之情、回报之举。

《与心对话》一书中这样说："所有的成功都是由于大众的力量聚合而成就的。成功之后要懂得回馈。……如果我们都能够经常对自己所拥有的一切去思考，就会懂得感恩。"

雷锋因为懂得感恩，感恩母亲共产党给了他新的家——新中国，所以他要施展才华，回报母亲，回报国家。而去当兵，他认为是施展自己抱负、发挥自己才能、充分报效国家的最好机会。所以，他义无反顾，不能放弃这次机会。

雷锋对感恩的理解比一般人要深，因为懂得感恩，雷锋有了包容的博大胸怀；因为懂得感恩，雷锋获得了亲情、友情，甚至社会资源的支持，变得内心强大。

好的为人处世方法可以不断重复用，重复用也会反复有效。

感恩就是这种好方法。

但前提是，在相处过程中一定要真诚。感恩自古以来就是成功必备方法，感恩贯穿了雷锋的一生。

我们可以用"感恩"来表达自己对每件事的衡量标准。我们经常因为得到别人的帮助而感谢他们，事情的真相是：我们在内心当中越是觉得对方很值得感激，我们自己越觉得得到的帮助有价值。同时，我们对别人表达出来的感激之情也越真诚。结果，在这个过程中所有人都得到了快乐。

所以无论做什么事，我们都要先投入而不求回报，并像雷锋那样不是为了个人私利，而是为了大多数人去做事。雷锋带给别人以帮助和关爱，不求回报，反而成就了自己。

9. 复检难题候补解

余政委的工作是交接完了，可他一直还不放心雷锋这事儿。这天，他过来找戴参谋，看看到底解决得怎么样了，因为如果到1月8日还不解决好雷锋的审核问题，等于前面一个来月的功夫都白费了。他要亲自越权再"督办"一次。

戴参谋为难啊，审核根本就通不过，别的不说，体检表怎么办？

余政委大概是豁出去了，斩钉截铁地说：

填"全部合格"！

戴参谋觉得事到如今，也只有这个办法了，马上和余政委找到了负责体检的吴医生，让吴医生签字盖章。余政委表示愿意承担责任，并且留了个心，在"甲乙丙丁"几类表中，给雷锋填了个"丙"字号的。因为每一百个兵里有五个预备数，如有一人到部队里复查不合格，地方上就再补两个。这样，雷锋终于获得了一个宝贵的候补名额。

医生无话可说，签字放雷锋过了关。

等李教导员看到体检表，也不得不表态：

既然地方党委和武装部门一致同意雷锋入伍，我们可以考虑。

这句话可是问题转折的关键，不过李教导员仍然不肯放松原则：

如果部队退兵怎么办？

余政委又说了句硬话：

你能退回来算你本事！

丢下这句话，余政委就走了。在水房里，他看见雷锋又悄悄叮嘱他说：

如果到部队复检时退兵，你坚决不能回来！
余政委您放心，揪掉我脑袋我也不回来！

部队这边是办妥了。可是雷锋没想到，鞍钢那边，还暗结着锁扣呢！

10. 原始档案卡一道

第二天下午，新兵营开始给新兵发放军装，刚换上军装的新兵们一堆一伙地聚在一起，喜笑颜开地互相打量着，有的高兴得又是唱又是跳的。焦化厂的陈股长也来了。

发放军装的名单上根本没有雷锋的名字！正好余政委走进来，雷锋说话都带着哭腔了：

> 政委，别人都发完军装了，怎么没有我的呢？
>
> 你是预备队员，情况特殊，耐心等一等，别着急！

陈股长听见了两人的对话，赶紧去给李书记打了一个电话，告诉李书记雷锋没有军装的事。

李书记似乎看到了最后一线曙光：一定好好安慰安慰他，让他切切实实体会到咱们鞍钢对他的重视和温暖。

原来，没有雷锋的军装是因为没有他的政审表。那是焦化厂的最后一招。李书记觉得，只要没有政审表，鞍钢这边不给部队提供雷锋的档案，雷锋就走不了。

但部队这边所有的人都认为，即使没有政审表，雷锋这么优秀的青年也一定不会错的。戴参谋决定，再专门为雷锋的事去焦化厂找李书记。

李书记那边自然稳坐钓鱼台，答复：

雷锋来鞍钢的时候就没有原始档案，我们已经和他原来所在的团山湖农场联系了，但是还没有接到回信。我们也没办法啊！

部队的人可都是说一不二的啊。

荆营长：

我们可不能打退堂鼓啊，雷锋当不了兵，急坏的不会只有一两个人！

李指导员：

戴参谋，你可不能把话说死啊，你参加征兵这么多年，凭你还想不出办法？

参谋不带长，放屁也不响。这回我非响一回！办法有一条：让雷锋先参军后政审。戴参谋终于下了决心。

图三十一 1960 年 3 月，刚刚成为解放军战士的雷锋掩不住的喜悦写在脸上。

11. 工兵团长开绿灯

　　三个人都知道，新兵到部队后，在一段时间内，要进行检疫隔离和新兵训练，其间一旦发现身体条件或其他政治原因不适合留在部队的，就会被退回。这就等于说，可以先把雷锋带回部队，解决雷锋的政审问题是有时间可以去争取的。

　　为了稳妥起见，戴参谋专门就雷锋的问题和驻营口的工兵团吴团长通了长途电话。吴团长对戴参谋的建议做了肯定答复，同意把雷锋先带到部队。

　　新兵登车出发前八小时，雷锋终于如愿以偿，穿上了军装。

　　雷锋穿的是剩下的最后一套军装，又肥又大。虽然小个子穿上大军装，但雷锋心满意足，高兴得见了首长和新兵战友们左一个军礼、右一个军礼，还掏出随身装的小镜子，不停地照啊照。

　　等照镜子照得尽兴了，雷锋想起来，一定要记录下自己穿上军装的光辉形象，就又赶紧跑到照相馆去拍了张照片。

　　雷锋要记住这个光荣而神圣的时刻，这个时刻是多么让他心潮澎湃：他最大的心愿终于实现了，而这一心愿实现得多么不易啊！

　　1960年，辽阳的征兵任务是980名，集中后经全面复查合格842名，后来重新调来276名预备，复查合格138名，雷锋是其中的一个。

附　录
雷锋参军过程一览

演　　讲：演讲内容主要为苦难家史，随时随地讲，感染力极强

演讲结果：所有见过雷锋、听过雷锋演讲、知道雷锋当兵理想的人，都为雷锋说话

公关行动：渗透式，无论走到哪里都不讲条件地主动打水、扫地、擦桌子，帮各种可以帮上的忙

资　　本：政治资本——苦大仇深的孤儿，对新中国、对毛主席有深厚的感情，有《我决心应召》为证

经　　历：从小学毕业开始到当通讯员、拖拉机手、鞍钢工人，尤其是在鞍钢做工人，是绝对的先进青年，有很多获奖证书、勋章为证

性格特征：执著、坚强、不怕挫折，不达目的誓不罢休（屡败屡战）

人际关系：面对的都是陌生人，让人们对自己从不认识到印象深刻甚至帮自己说话——超常的人际沟通能力

经过的关卡，一共七道：

鞍钢焦化厂领导→体检医生→当地武装部干部余新元→辽阳市委书记曹奇→鞍钢保卫部门→部队带兵的军官戴明章、李恒基→工兵团长吴海山

参军过程：没有资格体检→体检→体检不合格→便衣通讯员→候补新兵→参军

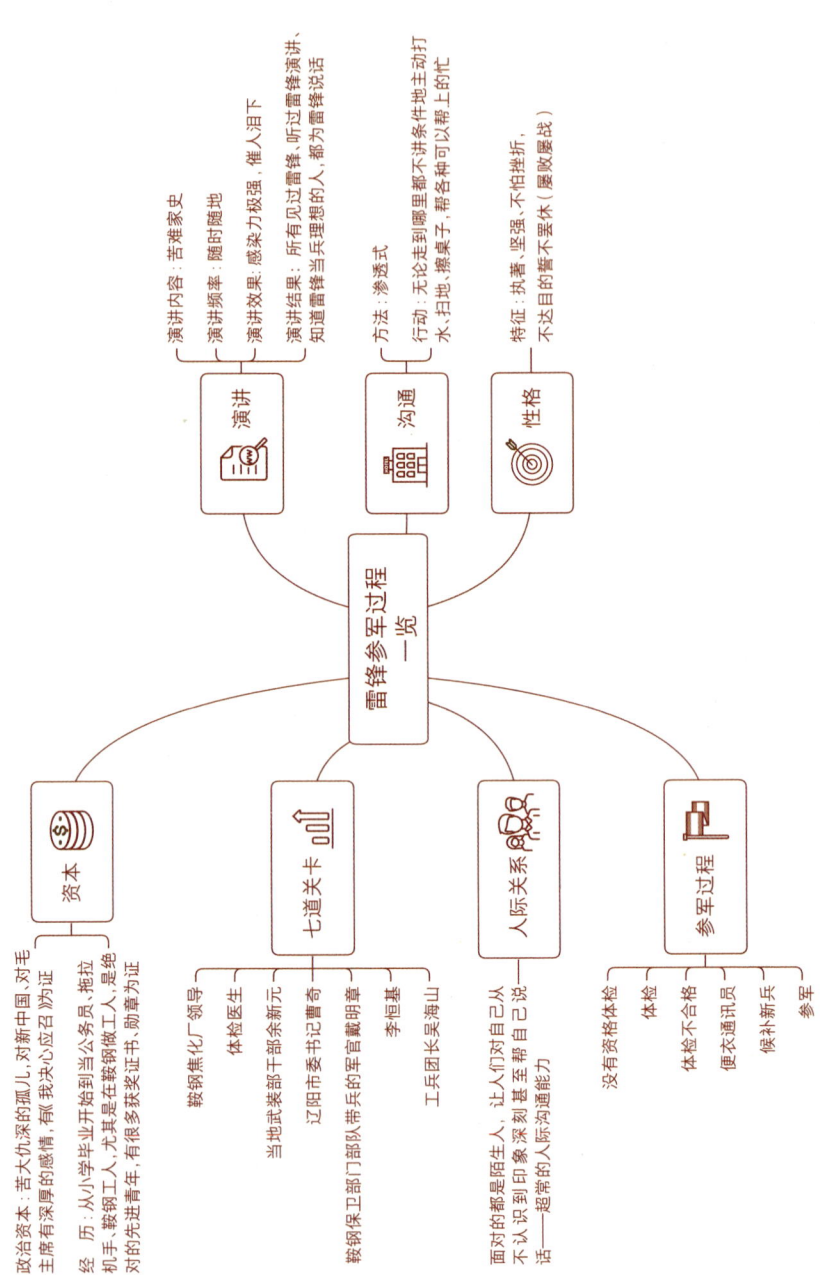

演讲内容：苦难家史
演讲频率：随时随地
演讲效果：感染力极强，催人泪下
演讲结果：所有见过雷锋，听过雷锋演讲、知道雷锋当兵理想的人，都为雷锋说话

演讲

方法：渗透式
行动：无论走到哪里都不讲条件地主动打水、扫地、擦桌子，帮各种可以帮上的忙

沟通

特征：执着、坚强、不怕挫折，不达目的誓不甘休（屡败屡战）

性格

雷锋参军过程一览

政治资本：苦大仇深的孤儿，对新中国、对毛主席有深厚的感情，有're决心应召入伍证
经历：从小学毕业开始到当公务员，拖拉机手，鞍钢工人，尤其是在鞍钢做工人，是绝对的先进青年，有很多奖证书，勋章可为证

资本

鞍钢焦化厂领导
体检医生
当地武装部干部余新元
辽阳市委书记曹奇
李桓基
工兵团团长吴海山
鞍钢保卫部门部队带兵的军官戴明章

七道关卡

面对的都是陌生人，让人们对自己从不认识，认识到印象深刻甚至帮自己说话——超常的人际沟通能力

人际关系

没有资格体检
体检
体检不合格
便衣通讯员
候补新兵
参军

参军过程

158

最终，雷锋在历尽了种种波折之后，作为一名"特殊的新兵"，正式成为了一名光荣的解放军战士。

手记 / 27

品德高尚：如何修炼提高终极竞争力

雷锋成功当兵的过程，完全是雷锋全方位综合素质的大展示。

雷锋凭什么把当兵这件对他来说不可能的事，变成了现实呢？从过程中我们不难发现，雷锋锲而不舍、不达目的誓不罢休的行事作风让他把不可能变为了可能。

真正起作用的是雷锋做人的品德。当兵前的一个月他每天和征兵领导在一起，把自己真实地展现在了大家面前，当一切无法权衡的时候，最后大家想到的还是雷锋这个人本质好、品德高尚！

有人曾经对企业领袖为什么成功做过研究后发现：真正伟大的领袖，品德是最基础的，品德也就是道德品质，每个品德高尚的成功者都应该具备勇气、良知、贡献等，然后再以这些为基础，通过一定的方式、技巧去影响别人。所以，品德高尚是做人的终极竞争力。

著名人力资源专家李建波说：大型企业招聘员工最看重的是人品和能力。其中人品又是最重要的标准，人品包括一个人有多大的成就动机和是否诚实高尚。能力是指一个人所获得的知识和拥有的沟通表达技能。其中人品又是考察的关键。因为知识技能可以培养，沟通能力可以训练，而人品的磨炼却不是一件容易的事。

能力和人品俱佳的雷锋，如果在现在的职场，也一定会引起人们的高度关注。

在当兵的全过程中，雷锋努力的结果是：把他自己的事变成了所有人的事，把自己的目标也变成了他人的目标，把本来是站在自己对立面的人变成了自己的同盟。

雷锋不是赢家，还有谁是呢？

图三十二　这两张雷锋擦汽车的照片，是雷锋成为部队节约标兵以后，专人为雷锋拍摄的。（黑白照片摄影　季增；彩色照片摄影　张峻）

H

当兵的雷锋：
如何成为优秀的士兵

出头的椽子先烂，老祖宗早给后人留下话了。

但是处处出头的雷锋，在部队里是越干越出名。

时间

1960 年 1 月 8 日—1962 年 8 月 15 日，共 951 天

服役部队

原沈阳军区某部

津贴

每月 6 元

兵种

汽车兵

所开汽车型号

苏式嘎斯大卡车

工作成绩

1960 年 7 月 8 日三等功一次

9 月被授予"艰苦奋斗节约标兵"称号

10 月 1 日荣记二等功

11 月 8 日加入中国共产党

11 月 20 日再次荣立三等功一次

11 月 27 日获得"模范共青团员"

"学习毛主席著作积极分子"称号

1961 年 4 月出席军区首届共青团代表大会

5 月 14 日被提升为副班长

很快又被提升为班长

8 月被选为抚顺市人民代表

1962 年 1 月晋升为中士军衔

2 月参加团的党代会

5 月被评为"优秀校外辅导员"

图三十三 雷锋到部队以后，因为表现突出，上级很快为他记功授奖。

1. 新兵列车做义工

1960 年 1 月 8 日，雷锋终于踏上开往营口军营的列车，成了一名军人。

临上车前他依依不舍地和余政委、田阿姨、陈股长一一道别，田阿姨一边嘱咐雷锋还一边抹着眼泪，雷锋眼睛也湿湿的。余政委拍拍雷锋的肩膀说：好小子，到了部队好好干！你一定错不了的！雷锋一边上车，还一边不停地回头，看得出，雷锋对这里的人很依恋。

车开了，刚刚坐下，雷锋就听见边上有人在低声啜泣，顺着声音看过去，原来是两个新兵在抹眼泪。

刚上路，还没到军营，就开始想家啦？雷锋琢磨用点儿什么办法让大家换换情绪。干脆，让大家提前感受、体验军营的生活！然后，他就冲着同一车厢的新兵喊道：战友们，大家今天成为一名光荣的解放军战士，我们一起来唱首歌吧。

雷锋个子小，就站在了座位上，打着拍子先唱了起来：

雄赳赳，气昂昂，
跨过鸭绿江。
保和平，卫祖国，
就是保家乡。

一时间车厢里充满了快乐的歌声，雷锋指挥大家一首接一首地唱起来，车厢里的气氛马上变得活跃起来。

带大家唱完歌，雷锋又开始给大家倒水喝，走过营长和参谋长的座位时，看到他们疲惫不堪的样子，雷锋想起来，因为连续几天忙着征兵，新兵营的首长们好多天没怎么休息了。车厢里太挤，根本没办法合眼啊。雷锋转身朝列车长室走去。

不一会儿，他就回来了，走到荆营长、李教导员和戴参谋的座位前，敬了个还不怎么标准的军礼：各位首长辛苦了，我已经和列车长联系完毕，请各位首长到卧铺车厢休息！

几位首长顿时很惊讶：这个小鬼，什么都能想到，他们想不到的事，被这个小鬼想到了，没有他办不到的事，真有神通啊！

确实困极了，几位首长到了卧铺车厢，一会儿就睡着了。等起来一看，雷锋还在车厢里忙着呢。列车员告诉他们，自从上了车，雷锋就没有闲着，不是唱歌就是倒水、打扫卫生，刚才还给大家讲战斗英雄的故事呢！

雷锋后来有好事做了一火车的先进事迹，在刚当兵还没有到军营的火车上，就已经开始了。

而且他做起这些事，是那么自然、熟练，无论遇到什么情况，他总是能换位思考，让和他在一起的人舒服、顺心。

手记 /28
利他为先：持续不断产生影响力

不论在任何时候，雷锋总是能做到换位思考，想别人所想，急别人所以，助别人所需。这是人性中至善至贵的品德。这是不求回报的利他思维。

如果探寻根源的话，利他思维来源于儒家主张的"仁"、佛教倡导的"慈悲"和基督教提倡的"爱"。利他之心就是充满同情的善良之心，不只考虑自己的利益，即使做出自我牺牲，也要为对方着想，这是人类最美丽的心灵。

雷锋就是这样一位有质朴利他思想的人。朴实的雷锋由于自己幼年的经历，非常珍惜新社会得来不易的一切，包括和同学、同事、战友、领导的情谊。他除了对自己的事情努力用心，总是把别人的利益放在前面。火车上给征兵首长找卧铺就是典型的事例之一。

持续利他的结果是会产生巨大的反馈和回报。因为利他，可以获得更多人的认可，更多的人把赞美的正能量回馈到雷锋身上，雷锋的境界因此进一步提升。

现在社会，人们有了更容易出名的机会，15秒短视频上传到网络，就可以让一个人在全世界迅速扬名，成为网红，但是很多人用不了一周时间就很快销声匿迹了。究其原因，还是与个人是不是有持续的品牌输出能力有关系。

几十年前，雷锋就在全中国妇孺皆知，为什么几十年过去了，一代一代人都会记起雷锋？因为只要知道雷锋全部故事的人，没有不被他的高尚品德所感动的。雷锋其实仅仅是一位追求在平凡生活中寻求快乐、乐于助人的普通人，可他持续不断所做的无数个平凡的小事，累积起来就造就了他不平凡的人生，因为很多人做不到"持续"。

雷锋身上体现的这种人性美，就是学雷锋活动直至后来的志愿者行动，之所以几十年来持续不断的根本所在。

这也就是几十年前雷锋就在全中国妇孺皆知，为什么几十年过去了，一代一代人都会记起雷锋的原因。

因此，最终一个人对于社会的影响力，取决于他个人品德的持续输出能力。

2. 代表发言出奇效

火车准时到达营口，新兵一到营地，部队马上召开欢迎大会。

欢迎会开了一个多小时，领导和老兵代表轮番登上主席台讲话，雷锋听得都入了神，鼓掌鼓得最起劲，激动得心里就像有只小兔子在跳：这军营真威武啊……

主持人宣布：下面，欢迎新战士代表雷锋同志上台讲话！

雷锋听到台上有人喊自己，这才想起了早晨戴参谋交待的任务，急忙掏出讲话稿，快步跑上台去。

立正站好后，他先敬了个军礼，因为不太正规，人们又看见一张圆圆的娃娃脸，所以台下一片笑声。

整理好讲话稿，雷锋开了腔：

敬爱的首长和全体老大哥同志们，你们好！

首长让我代表新战士讲话。我们这些新战士，能在60年代刚刚开始的日子里，穿上军装，扛起枪杆，真有说不出的高兴。

我们当中有工人，有社员，也有学生，来自四面八方，可我们只有一个心眼，学好本领，保卫祖国，当个像样的兵，做毛主席的好战士！

台下一片热烈的掌声。雷锋对台下点头微笑，接着说：

图三十四 雷锋非常善于记录自己人生重要的时刻。

1960 年，原沈阳军区工程兵宣传干事张峻来到运输连采访雷锋事迹，雷锋鼓足勇气说出了
自己的愿望："张干事，您能给我照张像吗？我当兵这么长时间了，还没有一张穿着军装背
枪的军人标准照呢。"张峻答应了雷锋的要求，雷锋高兴地挎起枪，又把在鞍钢得的奖章挂
在胸前，张峻为雷锋拍了当兵后的第一张持枪照片。（摄影 张峻）

刚才团首长讲话，希望我们争当模范战士，依我说，有党的领导，有老同志们的帮助，我们大家都要有一百个信心，保证当上！

讲到这里，台下战士看着雷锋慷慨激昂的样子，又笑了起来。

雷锋不知道哪儿说错了："你们笑什么呀，我讲的是实话。"这时，一阵大风吹来，把讲话稿吹乱了，台下首长都为雷锋担心起来，只见雷锋不慌不忙，索性把剩下的稿纸放进了口袋，声音比刚才更洪亮了。

大家"轰"地一声笑开了，掌声比上次更热烈。

早就想见识见识雷锋的吴团长听到这里，由衷地点着头，是个上得去场面的好小伙子！

散会以后，团部的韩政委也对吴团长提起了雷锋：

这个雷锋是个好兵，应该让政治处关注一下。

吴团长立刻帮着雷锋说上了话：

这个雷锋身世很苦，从小就成了孤儿，对党有很深的感情，刚解放时当过儿童团长，在清匪反霸时立过功，长大后在农村和工厂的表现一直都很突出。只是他的原始档案至今还没有搞清楚，我已经安排戴参谋再好好查一下，说什么也要把这个雷锋留在咱们部队！

雷锋在部队的第一天，非常激动，翻出过去收集的画报上一张当时的英雄黄继光的水彩画像，贴在了从没有使用过的日记本的扉页上。贴好后，在画像的留白处写了一段话，好像是在向英雄倾诉，也像是写给自己："我永远向您学习，英雄的战士黄继光，为了党和人民的事业，就是上刀山下火海我也心甘情愿。"然后，翻开下一页，写下了入伍后的第一篇日记：

1960 年 1 月 8 日

这天是我永远不能忘记的日子，这天是我最荣幸的日子。我走上了新的战斗岗位，穿上了黄军服，光荣地参加了中国人民解放军。我好多年来的愿望在今天终于实现了，真感到万分的高兴和喜悦，这是我一生最大的幸福。

我在党的正确领导下，在革命的大家庭里，我一定要好好地锻炼自己，在入伍的这一天，我并提出如下保证：

一、听党的话，服从命令听指挥，党指向哪里，我就冲向哪里。

二、加强政治学习，多看报纸和政治书籍，按时参加部队各种会议和学习，积极宣传党的政策，密切靠近组织，及时向组织反映各种情况，不断提高自己的政治思想觉悟。

三、尊敬领导，团结同志，互帮互爱互学习。

四、严格遵守部队一切纪律，做到虚心向老战士学习，刻苦钻研，加强军事学习，随时准备打击敌人。

五、克服一切困难，发扬长辈优良的革命传统。我要坚决做到头可断，血可流，在敌人面前决不屈服、投降。我一定要向董存瑞、黄继光、安业民等英雄的战士学习。

六、我要努力学习政治、军事、文化，我要好好地锻炼身体，我一定要在部队争取立功当英雄，我一定要做一个毛泽东时代的好战士，我要把我可爱的青春献给祖国最壮丽的事业。

以上六条是我努力的方向和我的奋斗目标。今天我太高兴我太激动，千言万语一下要写完是办不到的，因此写到这里告一段落。

写到这里，雷锋觉得还是很激动，又接着日记写了下面这段话：

我渴望已久的参加中国人民解放军的理想实现了，怎么叫我不高兴呢！我恨不得把我的心掏出来献给党才好。晚上我怎么也睡不着，我的心就象大海的浪涛一样，好久不能平静。

我，一个在旧社会受苦受罪的穷苦孤儿，居然成为一个国防军战士，得到党和首长的信任，受到战友们的热爱，我真不知说什么好。

在这个革命的大家庭里，首长胜过父母，战友亲过兄弟，这一切，只有在党领导下的人民军队里才能得到。

我一定不辜负党对我的教育和期望，军政学习争优秀，全心全意保卫国防，成为一个优秀的国防战士。

图三十五 1960 年刚入伍的雷锋被派到部队业余演出队，雷锋是活最杂的剧务，雷锋任劳任怨，一干就是一个多月，最后演出非常成功。

手记 /29

不装：本色出场

看到这里大家一定会被雷锋的机灵逗得哈哈大笑吧！

笑过以后我们会发现，雷锋真是太聪明了。这次代表新兵讲话就像我们走入职场的必修课：如何过好上班第一天的成功案例。

这次讲话，雷锋本来可以按部就班把稿子念完，但是那阵风，让他有了让大家充分认识的机会。稿子被风吹乱，如何继续讲下去？他完全可以装出一副正经八百样，继续照念不误。但是在这个突发事件前，雷锋展现了自己随机应变能力强的机灵本色，开始用更好的方式和大家交流，马上形成了一个共鸣能量场：脱稿现场发挥了！

雷锋绝对机智、大气、有一流的演讲才能……

感谢那阵风，雷锋又得到了进一步展现的机会。多少年来，很多不了解雷锋做事和人品的人，总是对雷锋的成功嗤之以鼻，可是，又有多少人知道雷锋的这些过人能力呢？！

雷锋的成功绝非仅仅是靠国家宣传，与他的个人出色表现是密不可分的。

图三十六 雷锋不仅是部
队的模范标兵，爱好也非
常广泛，这是他学练手风
琴的留影。

3. 重点对象也作难

过了一段时间，戴参谋终于查清了雷锋的档案情况。

雷锋已经到了部队，焦化厂的李书记觉得没有坚持下去的必要了，戴参谋去焦化厂调查时见到他，李书记给雷锋写了一份鉴定材料，对雷锋的评价非常高。

于是，团部研究决定：雷锋的有关情况要向大家通报一下，以便进行重点关注和培养。

新兵训练很快结束，要进行新兵分配了。

荆营长事先得知雷锋被分配到了运输连，就去找戴参谋，因为他想让雷锋去他们技术营。戴参谋告诉他，现在给团长开车的战士随时都会退伍，团长和政委也都喜欢雷锋，让雷锋到运输连，是想让他先学会开车，然后就有机会去给团长开车，还能同时做团长的通讯员。

分配到运输连的战友们都非常高兴，唯独雷锋心事重重。他不是嫌这个兵种不好，而是担心真的打起仗来会耽误他上前线。在他的印象里，只有步兵才有机会和敌人枪对枪刀对刀地打仗。

雷锋干脆跑到连部，找指导员问个究竟。指导员告诉他，真打起仗来，人人有份，汽车兵从后方到前方，不分昼夜地奔跑在运输线上，往往还是敌机轰炸的重要目标呢。

雷锋听完，心里踏实了。

分配汽车时，雷锋开了一辆外号叫"耗油大王"的苏式嘎

图三十七 1960 年，雷锋被分配为汽车兵。

运输连有一辆参加过抗美援朝战争的卡车，13 号嘎斯—51 型汽车。这部车机件老旧，是全连耗油最多的一辆车。因为耗油，没有人愿意开。雷锋主动申请开这辆车。雷锋在保证车辆正常执行任务的同时，利用休息时间把能拆卸的部件都进行维修保养，刻苦钻研技术，精心维修保养化油器，大大降低了油料的消耗，雷锋后来把这辆有名的"耗油大王"变成了节油车。

（摄影 李增）

斯大卡车。这是雷锋主动要求的，因为耗油，这部车没有人愿意开。

然而，雷锋刚分到运输连，就被抽调参加团里的业余演出队去地方演出，这一走就是一个多月，等他回到运输连，傻眼了。

雷锋不在的这些天里，汽车驾驶理论课几乎都讲完了，马上就要开始实际驾驶了，跟别的战友相比，他落了一大截。而且在班务会上，雷锋好几次对其他同志毫无保留地直言批评，不但有战友对他有意见，得到一个"马列主义者"的绰号，还因此得罪了班长。有些人也觉得他爱出风头。

没过几天，庞副指导员来检查训练情况，正好跟雷锋的车，他发现雷锋的驾驶技术不是很突出，开车手忙脚乱满头大汗，这与他听说的雷锋处处先进，可是差着距离呢！庞副指导员回连后问雷锋怎么回事，雷锋说是驾驶时间少，抓着方向盘，心里有点慌。问他为啥驾驶时间少，他说有几次该他实际驾驶汽车时，班长派他去搞卫生或到菜地去锄草了。

雷锋这是被穿"小鞋"了！庞副指导员问雷锋为什么不提意见，雷锋回答说，搞卫生、拔草总是要有人去做，别的同志多上车先学好，也对连队有好处，自己慢慢学还是赶得上的。

宽容吃苦：积极融入新集体

刚刚入伍，作为新兵，因为表现突出，领导重视，雷锋变成连队的名人。每天和他相处的战友难免有些想法。雷锋在开始，干了不少杂活儿，一直无法专门学习自己的业务。初来乍到，如何处理好与战友们的关系，就需要智慧。

是仗着上级领导重视，来以势压人呢？还是心态积极和为贵呢？

大家都在看着雷锋的一言一行，雷锋遇到这样的状况，不慌不忙，没有任何怨言，反而自加压力，更努力了。只要分配的任务，没有一样不是尽心尽力的。

融入新环境，需要主动付出，而不是消极、抱怨。

越到看似有矛盾的时候，雷锋越会积极处理，这就是雷锋比一般人高的地方。

4. 勤学苦练技术高

自从副指导员说他驾驶技术不熟练以后，雷锋就记在心里，利用一切可以利用的时间抓紧练习。他向新兵排三排长反映了自己着急的心情，看着别的老战友开着汽车支援抚顺钢铁厂的建设，自己恨不能马上也能开汽车。为了赶上落下的课程，雷锋非常下功夫。雷锋虽然开过拖拉机、推土机，但时间都不长，再说开汽车与开拖拉机和推土机完全不一样。他就把汽车的构造、各种机件的性能和操作方法，同拖拉机、推土机作了比较，找到和汽车的不同点。车场上一有空车，他就到车上、钻车下，对照着机件一件一件地熟悉、掌握。他很快就把汽车的构造、原理、特点摸熟了。

新兵排讨论有关汽车原理、构造的时候，雷锋的发言有条不紊，大家都很佩服他，想不到晚来了一个多月的新兵还真有两下子。

熟悉汽车构造原理后，就应该上车学驾驶了，但是，连里运输任务重，新兵排二三十人，每人每天轮流驾驶不了一次车，而雷锋又不愿意和大家抢。

雷锋受战友的启发，决定自己造一个汽车教练台。说干就干，找来了废旧物品，大家齐上阵，汽车教练台很快就有模样了。雷锋还在安装方向盘时，用砂纸擦了又擦，涂上了黑油漆，真的像新的一样。

雷锋抓紧一切时间，坐在教练台上反复练习踩油门、踏离合

图三十八 雷锋刻苦钻研汽车维修、保养技术。（摄影 张峻）

器、挂挡、掌握方向盘，真像把汽车开动一样。

晚上熄了灯，躺在床上，有时他还想着怎样开汽车，手和脚在被窝里也配合着做起动作来。

雷锋经过这么一段投入的学习，落下的课程终于赶上了，新兵排的战友还一致推选他当了技术学习小组长。运输连指导员还在全连大会上表扬了雷锋刻苦钻研的精神。

一个月后，雷锋顺利通过了考核，成为一名合格的汽车兵。

雷锋为什么能后来居上呢？不服输的雷锋，干一行爱一行，钻研技术那叫一丝不苟、精益求精。开车的时候总是征求助手的意见，问车子在行驶中有什么缺点，有问题从来不放过。有时候外出办事，在公共汽车上，有座位他也不坐，总是紧挨在司机身后，仔细观察司机在不同情况下的操作方法。

雷锋还总结了这段的学习体会：

> 事实证明，只要付出了艰苦的劳动，车子就会听使唤。平时不愿下苦功，不肯做细致的工作，要想车况好，那就像坐着不动，想让苹果掉在嘴里一样，是根本不可能的。
>
> 从内心往外说，我时刻都想多学点本领，更好地为人民服务。马克思说："不学无术在任何时候，对任何人，都无所帮助，也不会带来利益。"今天，我为人民的利益、阶级的利益、革命的利益，多学点本领就更有必要了。所以我要虚心学习，刻苦钻研，学到真本领，就是为此目的。

手记 /31

自动自发：改变处境最好的方法

　　雷锋暗下决心，决心要自觉而出色地做好该做的。在接下来的一个月里，他专注努力，没有条件就创造条件，想了能想到的各种办法学习技术。这种自动自发的做法，让他很快后来居上。

　　雷锋的这种积极努力，总是变成满满正能量。

图三十九　雷锋刚入伍，因为身体状况的原因，很多训练项目都不是很令人满意。雷锋抓紧各种时间练习，很快就全部合格。这是雷锋练双杠时的情形。（摄影 季增）

5. 节约箱里有名堂

雷锋就是雷锋，到了部队，他的热情依然得到充分绽放。

做好事，这在雷锋是不在话下的，不是今天带病去帮工地拉砖了，就是知道战友家里困难，偷偷给战友家里寄去钱。

20世纪60年代，国家处于困难时期，正号召大家要增产节约、艰苦奋斗。

雷锋自从参军以来，非常节约，每个月6元钱的津贴，除了留1角钱交团费、2角钱买肥皂，再留点儿钱买书以外，其余的全部存入银行。

部队的摄影师张峻有几天在运输连开"勤俭节约现场会"，他回忆说，雷锋穿的袜子总是补了又补，还是舍不得扔掉，洗脸盆、刷牙缸已经旧得不成样子了，还在继续使用。他身上穿的一件衬衣，还是从湖南老家带来的，补丁上打补丁，还穿在身上。吃饭时，雷锋把掉在桌子上甚至地上的饭粒都一粒粒捡起来，送到喂猪缸里。

雷锋驾驶汽车经常往建筑工地送水泥等建材，他在车上总是带着一把扫帚、一个簸箕，出车回来，都把洒在路上的水泥扫起来。不到半年，就积攒了2000多斤。

雷锋刚入伍不久，就自己动手，用废木头钉了个"节约箱"，平时出门只要遇到什么钉子、破瓶子、破罐子、牙膏皮、螺丝帽、废旧边角料等统统捡回来放到箱子里。积攒多了，就分门别类加工处理，凡是能修修补补有利用价值的，都保存好。如一根小小的细线、一颗螺丝钉，都会清洗得干干净净。修车、修工具的时候能用的就会用，尽量为国家节约开支，做到物尽其用。把不能用的拿到废品回收站卖掉，把得来的钱交公。

雷锋曾经和张峻聊起他为什么要"捡破烂"。雷锋说，在望城县做通讯员的时候，有一次跟着县委张兴玉书记到基层开会，他在路上一脚踢开了一颗螺丝钉，张书记却把螺丝钉捡起来，装进了兜里。雷锋当时很奇怪，张书记为什么要捡一颗螺丝钉？后来雷锋要去农业机械厂送文件，张书记让他把螺丝钉捎到农机厂。还语重心长地说，咱们国家穷，一颗小螺丝钉也不能浪费，滴水成河啊。张书记的这些话，雷锋印象深刻，就养成了"捡破烂"的习惯。

雷锋当时开的汽车是苏联嘎斯51的13号卡车，是"耗油大王"，雷锋经常带领全班在山区行车，他动脑筋想办法为国家节约一滴油，节省一分钱，行车26000公里，变成了节约车，为此，他经常向战友们介绍安全行车和节油经验。

在雷锋的带动下，运输连其他班也相继建立了"节约箱"。

雷锋的节约箱，让雷锋在部队里再一次成为众人瞩目的标杆。也成为雷锋精神一个标志性的见证，不断在各地展出，非常符合当时国家号召节约的形势。雷锋去世后，节约箱被中国人民军事博物馆收藏了。

雷锋在部队获得的第一个荣誉，是被运输连评为节约标兵。这个节约标兵先是不断地被兄弟连队请去做报告，不久，沈阳军区报的记者也知道了，马上采写了一篇报道并在报纸上发表了，引得其他报纸也跟着追踪报道。很快，雷锋出了名，一些兄弟部队也开始纷纷请他去做报告。

积极主动：脱颖而出赢在格局

一个人在社会中的有效性取决于动机，动机不同，效果也会有很大的不同。雷锋的人生目标不在于获得物质上的回报，而在于对内在幸福的追求。雷锋以"为别人做事、让别人快乐"为自己最大的幸福。雷锋的动机纯粹而明确，这在他的日记里有反复、专门的纪录。

雷锋所做的一切都源于他崇高的动机。无论在什么社会，如果我们把动机建立在先把事情做好，要做对别人、对社会真正有价值的事，自然就会得到回报。当然如果是身在职场，在一个团队，有的人只限于完成分内的事，看起来也无可厚非，但是这样做的人一定不是最好的员工。雷锋的做法是：凡是对所有人有利的事，我都主动去做，不求回报。因为他的利他动机早已在他思想中牢牢地生根发芽。一切以利他为标准。

雷锋的人生目的不在于获取更大物质的回报，而在于对内在幸福的追求。在日记中雷锋这样写道："把别人的困难当成自己的困难，把同志的愉快看成自己的幸福。"因为雷锋的思想格局已经超过了普通人的思维，他成为部队的明星士兵，也就不奇怪了。

所以，什么样的格局，决定什么样的人生，这是句真理。

想脱颖而出，先有高于别人的格局，积极主动行动，在人群中彰显出来，就是迟早的事了。

图四十　雷锋在担任抚顺市望花区建设街小学和本溪路小学校外辅导员期间，凡是来连队看过雷锋"节约箱"的小学生都深受感动。在雷锋倡议下，两个小学的学生也在班级建立了"节约箱"。（摄影 张峻）

6. 感谢信里有故事

真正让雷锋成为部队关注焦点的，还有两封感谢信。

1960 年八九月间，雷锋所在团政治处连续收到两封感谢雷锋的地方来信：一封是抚顺市望花区和平人民公社送来的，感谢雷锋把自己积攒的 200 元钱捐给了公社；一封是辽阳市委送来的，感谢雷锋为援助灾区捐了 100 块钱。

抚顺市望花区和平人民公社感谢信的经过是这样的。

有一天，雷锋上街去办事，看到抚顺市望花区正在召开大生产动员大会。看到这个场面，他心头的喜悦是难以形容的。他想，作为一个人民战士，自己能为社会主义建设做点什么呢？

雷锋就找到望花区党委办公室，要把自己在工厂和部队长年累月积存的 200 元钱，捐给望花区。望花区办公室工作人员觉得雷锋当兵没有多少津贴，200 元钱对他来说数目也不小，肯定是雷锋省吃俭用积攒下的，就和雷锋说，心意收下了，钱不收。让雷锋邮寄给家人。

雷锋一听到这个“家”字，又激动地想起了自己的苦难经历，说，他是苦里生、甜里长，是党和人民给他的一切，人民就是他的父母，所以，他也要把自己的一切都献给人民、献给党。雷锋说，钱就是给人民用的，希望他小小的心意能在人民的事业中发挥一些作用。

雷锋一再要求，说得眼泪都流出来了，党委办公室的人无法拒绝雷锋的这份真诚心意，才答应留下了 100 元钱。

这 100 元钱虽然不多，但它却是一笔很大的精神财富。中共辽阳市委的来信，则是热烈赞扬雷锋给灾区人民寄去 100 元钱的深情厚谊。

雷锋得知辽阳地区遭受了百年不遇的洪水，那里的人民正在进行英勇的抗洪抢险斗争。

雷锋是在辽阳参军的，在辽阳生活、工作过，在辽阳有他日夜思念的伙伴和新建的焦化厂，现在参军的战友中也有不少辽阳人，当雷锋在报纸上看到党中央、毛主席派飞机给灾区人民送去救灾物资的消息时，他想到自己还有剩下的 100 元钱，立即写了封慰问信，寄给了辽阳市委。

这两封感谢信对团机关震动很大，他们立即向团政委做了汇报。政委听了以后，心情很不平静，觉得小雷锋真是一个非常不一般的战士。他听战士们说，雷锋平时连汽水都舍不得喝，连一双袜子都舍不得买，却一下子捐出了这么两笔"巨款"，这恐怕是他所有的积蓄了；听说原来在老家望城县也捐过钱，是为团山湖农场捐钱买拖拉机。政委马上派人调查一下情况。

后来经过调查，部队首长才发现，雷锋不但捐了钱，而且经常做好人好事。政委觉得雷锋这个战士令人佩服，又觉得他做这些好事并不偶然，一个出身那么苦的苦孩子，感激新社会，有强烈的报恩思想，也有发自内心地想为人民服务的动机。

政委马上命令政治处派人把雷锋的事迹整理出来上报下发，材料重点表扬了雷锋积极捐款给地方，"为了人民勤俭节约、积极支援社会主义"的行动。

图四十一 这是一张很多人都很熟悉的雷锋和小学生的合影。

照片上的小女孩叫陈雅娟，因为单独和雷锋合过影，她也因此成了名人。1963年雷锋牺牲后，这张照片发表，很长一段时间里，陈雅娟天都要收到二百多封来信，甚至还有台湾小朋友的信。当时，每天除了上学和睡觉，陈雅娟就忙着回信、洗照片。后来，陈雅娟还凭着这张照片被部队司令员特批成了一名解放军战士，一直是部队学雷锋的典型。四十多年后，陈雅娟从抚顺市烟草局副局长的位置上退休。（摄影 张峻）

专注：至善会产生奇迹

非常赞同政委对于雷锋的评价：雷锋经常做好事不是偶然的。雷锋是发自内心就想帮助他能帮助的所有人，这种想法的内驱力就是感恩新社会，因为感恩，所以要报恩，所以他把为人民服务作为自己的终生理想，所谓止于至善。这可以理解为是雷锋为自己设定的终生使命。

雷锋所有的思想、行为都是围绕他的终极理想进行的，这就不难理解为什么雷锋无论到哪里，就会把好事做到哪里了。他把做好事已经变成一种习惯，每时每刻都在随时准备行善助人。

他的专注体现在要孜孜不倦地为他的终极理想而行动。看起来他所有的行动都是不起眼的小事，都不难。但是如果能持之以恒坚持做，就会汇成伟大的事。小事的点滴功德汇集成大事的功德海，雷锋的影响力也就变得越来越大。而这个影响力不是雷锋自己可以规划和争取来的，而是他把善心、善行发挥到了极致，这就是善的最高境界：至善。

就像雷锋自己在日记中写的："人的生命是有限的，可是，为人民服务是无限的，我要把有限的生命，投入到无限的为人民服务之中去……"

图四十二 1961 年 4 月，雷锋被聘为抚顺市望花区本溪路小学的校外辅导员，照片中为雷锋戴红领巾的小学生叫刘静，就是这所学校的小学生。（摄影 张峻）

图四十三 雷锋与战友廖初江一起阅读《毛泽东选集》。（摄影 张峻）

7. "傻子"真实的内心世界

雷锋当时的很多举动，有些战友都不是很理解，觉得雷锋只攒钱不花钱，是个"傻子"。

说雷锋是"傻子"的人，当然不了解雷锋日记中反复写下的这样的思想：

> 我活着，只有一个目的，就是做一个对人民有用的人。人民的困难，就是我的困难，帮助人民克服困难，贡献自己的一点力量，是我应尽的责任。我是主人，是广大劳苦大众当中的一员，我能帮助人民克服一点困难，是最幸福的。

雷锋所在的运输连的战友们都知道，雷锋为了支援灾区和国家建设舍得献出自己的全部积蓄，可他自己却从来舍不得随便花一分钱。他常对战友们说：我们是国家的主人，应该处处为国家着想，事事要精打细算，不能今朝有酒今朝醉，明日愁来明日忧。

雷锋把一切能节省的都节省下来，克服暂时困难，支援国家建设。他要求自己：

> 在工作上，要向积极性最高的同志看齐；在生活上要向水平最低的同志看齐。

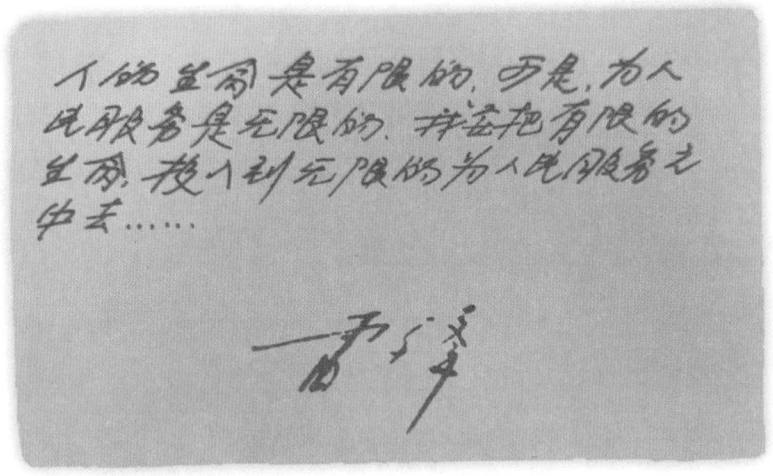

图四十四 这是雷锋著名的日记片段，也是他人生目标的真实写照。

参军后，雷锋的日记本里有这样一段话，就是他对于自己行为的深刻反省：

战士那褪了色的、补了补丁的黄军装是最美的，农民那一双粗壮的、满是厚茧的手是最美的，劳动人民那被烈日晒得黝黑的脸是最美的，粗犷雄壮的劳动号子是最美的声音，为社会主义建设孜孜不倦地工作的人的灵魂是最美的。这一切构成了我们时代的美。如果谁认为这并不美，那他就不懂得我们的时代。

发夏装时，施工部队规定每人发两套单军装、两件衬衣、两双鞋，雷锋只领一套军装、一件衬衣、一双鞋。司务长很奇怪，雷锋说，现在穿的这套带补丁的衣服，也比小时候穿的不知要好上多少倍呢！剩下的一套给国家节约啦。

天气热参加运动会别人都买汽水喝，他看到有人送开水，就去喝开水，这时被一个战友看见了。战友不明白：雷锋就一个人，攒那么多钱干啥？

雷锋说，怎么能说我就一个人？我们祖国大家庭有六亿多人口呢！为了改变我们国家这一穷二白的面貌，党和毛主席一再号召我们要艰苦奋斗，我们做得怎么样呢？

咱们国家那么大，困难再多，还能缺你那几个钱！

积少成多呀，你算算，每人一天节约一角钱，全国一天节约多少钱？咱们是国家的主人，不算这笔账还行！

雷锋艰苦奋斗的言行确实是很感人的。

听说雷锋把攒的钱都支援了灾区和地方建设，战友们才认识到自己的看法错了，都觉得雷锋这个"傻子"是可敬的，他对党对人民的心眼就是实。

雷锋从来没把别人说自己"傻"放在心上。他对这个问题早就有了明确的认识。他在日记中写道：

有些人说我是"傻子"，是不对的。我要做一个有利于人民、有利于国家的人。如果说这是"傻子"，那我是甘心愿意做这样的"傻子"的。革命需要这样的"傻子"，建设也需要这样的"傻子"。我就是长着一个心眼，我一心向着党，向着社会主义，向着共产主义。

　　雷锋的这些在有人看来是"傻子"的行为，其实正是他朴实的忘我心态。因为他已经把自己融入了国家和人民事业的大海，所以他认为自己能力有限，但是一份小小力，能帮助到别人，就是最大的安慰。雷锋这种忘我、大我的思维，给自己赢得了更多的东西，一般人挖空心思地追求的名利而难以得到，可在雷锋这里，是各种名誉蜂拥而至，主动找上了门。

手记 / 34
"我"的嬗变：以小变大的成功诀窍

　　雷锋虽然仅仅是一名小小的士兵，但是日记里这些话却显示了雷锋不一般的格局。他做任何事情想到的不是自我这个小小的我，心里装的是更大的我，这个更大的我就是人民，因为他觉得自己的一切都是党和人民给的，他不会与党和人民见外，他觉得自己就是人民中的一员，所做的一切为了人民，也就是为了自己。

　　这些想法证明了雷锋的格局不是一般的大。正是因为雷锋有这样的格局和胸怀，他所有的行为也就不难理解。

　　说雷锋是"傻子"的人，他完全不会理解雷锋这看起来是"傻"的行为，其实正是他智慧的表现。

雷锋日记里摘录的话，正是对他的行为的最好解释：

　　一滴水只有放进大海里才能永远不干，一个人只有当他把自己和集体事业融合起来的时候才能有力量。

你细品，雷锋根本不是"傻子"，而是把"小我"变成更大的"我"，是真正智慧的人。

图四十五　部队每年发两套夏装，雷锋只领一套。发的新袜子送给战友，自己穿的旧袜子补了又补。这张照片是补拍的，但是确有其事。（摄影　季增）

8. 荣誉面前低调状

　　入伍半年多来，雷锋在各方面的表现确实都很优秀、很突出。尤其是他经常悄悄地做些好事，而且不愿意留名，因为他做好事从来都是实心实意的。

　　有一次去看病，看到本溪路小学建筑工地建筑工人劳动得热火朝天，他深受感染，也积极参加了工地劳动，干起活儿来忘记了时间，为此回连队迟到了，受到批评。他自己受委屈也不说出真相，因为雷锋觉得被人表扬比被人批评还难为情。

　　一位知道了真相的战友说他，连里没有组织（这样的劳动），你生着病还去受累啊。

　　雷锋平静地说，建设社会主义是每个人的义务，今天换了你，看到工地的情况，你也会帮忙的。再说，今天我确实迟到了，本来我要记得时间，也是可以避免的，所以大家批评得对，我心服口服。

　　直到第二天工地领导带着工人们敲锣打鼓送来了感谢信，连队的领导和战友们才恍然大悟。

　　当时社会上流传一句顺口溜，说当兵是"一年看，二年好好干，三年入了党，复原进工厂"。

　　雷锋没有"看"，当了兵就"好好干"，一参军就向连队递交了"入党申请书"。

图四十六 雷锋善于学习是有目共睹的，还给自己总结了学习的"六个一点"：
早起点、晚睡点、饭前饭后挤一点，行军路上想着点，外出开会抓紧点，星期假日多学点。
他用"钉子"精神来形容如何挤时间学习，更是形象、精辟。（摄影 张峻）

因为雷锋的表现太突出，入伍仅半年，他就在 1960 年 7 月 8 日荣立三等功一次，这在和平年代是极其少有的事。

手记/35

低调：人生的最佳姿态

低调谦逊，做了好事不声张。别人误解不辨解。这是很多人不太知道的雷锋。

成熟的稻穗总是弯着腰。雷锋践行着自己的理想。当做好事已经成为习惯，那么，在别人眼里值得赞叹的事，就已经成为他的日常了。

老子的《道德经》说："天之道，利而不害；人之道，为而不争。"就是说，做人没有必要追名逐利，不必争一时长短，尽力做好自己的事即可。雷锋的做法非常符合这句话。

低调谦逊，做了好事不声张，别人误解不辩解。这是很多人不太知道的雷锋……

9. 钉子精神学习忙

这里插一段。雷锋还是个非常珍惜时间的人，他八小时之外从来不虚度，生活非常有规律，有自己固定的时间表。他曾经在日记中这样写道：

> 每天早晨学习一小时，晚上要自学到十点至十一点钟，早晨坚持做早操。

根据长期为雷锋在部队拍照的摄影师张峻回忆，雷锋日常一天的时间表是这样的。

1. 早晨五点钟起床、淘厕所或打扫室内外卫生；
2. 六点钟和战友们一起跑步、做早操或队列训练；
3. 早饭前坚持学习30分钟的马克思、恩格斯、列宁著作和《毛泽东选集》；
4. 上下午参加连队的军政训练、汽车驾驶技术学习和出车执勤；
5. 午间，帮助战友缝洗衣服、被褥或者帮助炊事班干活；
6. 晚饭后有一到两小时的业余活动时间，除参加连队的文体活动外，大部分时间为驻地和附近老百姓做好事，为小学生做校外辅导工作；

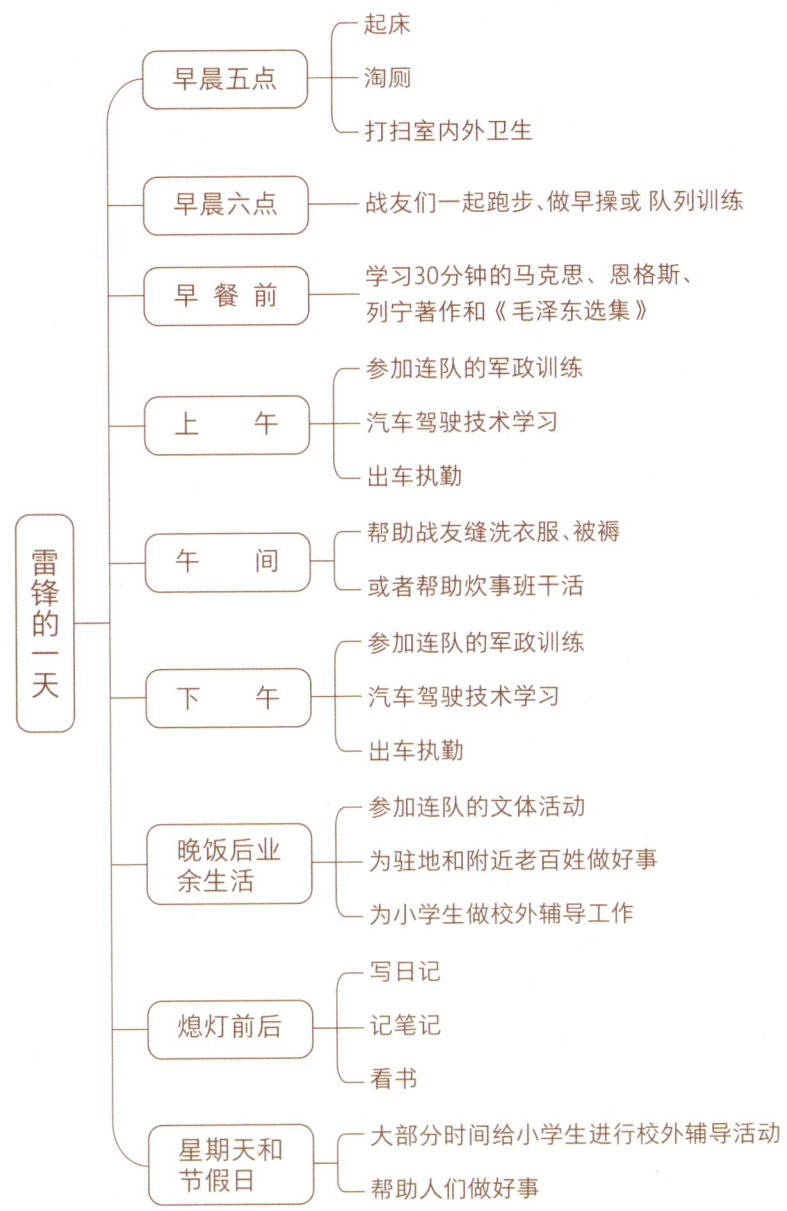

雷锋的一天

早晨五点
- 起床
- 淘厕
- 打扫室内外卫生

早晨六点
- 战友们一起跑步、做早操或 队列训练

早餐前
- 学习30分钟的马克思、恩格斯、列宁著作和《毛泽东选集》

上午
- 参加连队的军政训练
- 汽车驾驶技术学习
- 出车执勤

午间
- 帮助战友缝洗衣服、被褥
- 或者帮助炊事班干活

下午
- 参加连队的军政训练
- 汽车驾驶技术学习
- 出车执勤

晚饭后业余生活
- 参加连队的文体活动
- 为驻地和附近老百姓做好事
- 为小学生做校外辅导工作

熄灯前后
- 写日记
- 记笔记
- 看书

星期天和节假日
- 大部分时间给小学生进行校外辅导活动
- 帮助人们做好事

7. 熄灯前后，坚持写日记、记笔记、看书；

8. 星期天和节假日，大部分时间给小学生进行校外辅导活动和帮助人们做好事。

一天 24 小时，雷锋把时间安排得满满的，为此，他还在日记里记录了自己对于时间安排的心得体会：

有些人说工作忙、没有时间学习。我认为问题不在工作忙，而在于你愿不愿意学习，会不会挤时间。

要学习的时间是有的，问题是我们善不善于挤，愿不愿意钻。

一块好好的木板，上面一个眼也没有，但钉子为什么能钉进去呢？这就是靠压力硬挤进去的，硬钻进去的。

由此看来，钉子有两个长处：一个是挤劲，一个是钻劲。我们在学习上，也要提倡这种"钉子精神"，善于挤和善于钻。

雷锋这段关于如何挤时间刻苦学习的日记，后来被总结成了著名的"钉子精神"。

随着雷锋一路成长，他不仅认识到了学习的重要性，而且很快认识到学习马克思主义理论、毛主席著作的重要性。在日记中，他这样记录：

毛主席著作对于我来说好比粮食和武器，好比汽车

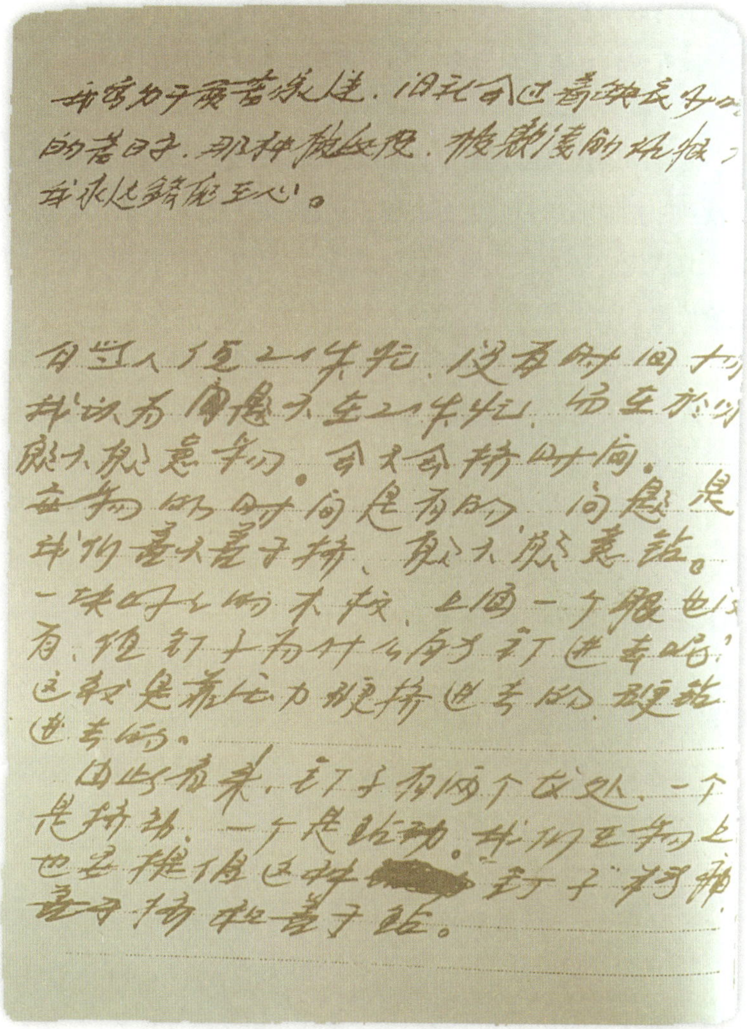

（……）努力争取更大光荣。旧社会过着牛马生活的苦日子，那种被压迫、被剥削的仇恨，我永远铭记在心。

有些人说工作忙、没有时间学习。我认为问题不在于忙，而在于你愿不愿意学习，肯不肯挤时间。要说时间，时间是有的，问题是我们善不善于挤，愿不愿意钻。一块好的木板，上面一个眼也没有，但钉子为什么能钉进去呢？这就是靠压力硬挤进去的，硬钻进去的。

由此看来，钉子有两个长处：一个是挤劲，一个是钻劲。我们在学习上也要提倡这种█████钉子精神，善于挤和善于钻。

图四十七 这是雷锋在日记里关于"钉子精神"的记录。

上的方向盘。人不吃饭不行，打仗没有武器不行，开车没有方向盘不行，干革命不学习毛主席著作不行。

雷锋学习的效率之高有目共睹，他的日记里记录了他用"钉子精神"挤时间学习的大量心得，从这些心得里可以看出，雷锋对于共产党、新社会原始质朴的感情，逐渐升华，找到了明确的理论依据。

雷锋非常善于利用时间，把一天当成了两天用。

在鞍钢工作时，他制定了早晨学1小时、晚上学到10点至11点的自学计划。

到部队后工作更忙，没有更多的学习时间，于是，他把学习的书本放在挎包里，人到哪里书到哪里，有空就看上一点，出车回来，他总是要挤出时间来学习。

熄灯号响后，为了不影响其他同志休息，他就到工棚、车场、厨房、司务长的宿舍去读书，并且一读就是大半夜。

雷锋有时把灯拉到自己的枕头边，用报纸遮盖起来看书，正由于雷锋有这种"钉子精神"的"挤"劲，他读的书越来越多，知识越来越丰富。

在学习上，雷锋的确有一股"钻"劲。不管遇到什么困难，他总是用尽所有办法，甚至绞尽脑汁都要把它搞懂。他在学习毛主席著作中，总结了五步学习法。他在日记中这样记录：

一是分析每篇文章对当时革命运动起什么作用；

二是主席为什么分析这个问题；

三是主席在文章中提出几个什么观点；

四是主席的方法论是什么；

五是联系个人写心得体会。

　　雷锋是从 1958 年夏天开始学习毛泽东著作的，他给自己订了个学习公式：问题—学习—实践—总结。他在日记中对于自己的学习效果做了这样的记录：

　　……经过学习，提高了阶级觉悟，武装了头脑，增强了本领。

　　我学习了《毛泽东选集》一、二、三、四卷以后，感受最深的是，懂得了怎样做人，为谁活着……

　　翻开雷锋读过的《毛泽东选集》，几乎每一篇每一页都画了一些学习重点，边边角角上写着一些阅读心得或眉批。在阅读"纪念白求恩"一文时，他在书上的批注达 7 处之多。他在短暂的一生中，共写了 9 本近 20 万字的学习心得笔记。这些是他刻苦学习的真实记录。

　　在那个年代，获取知识的途径远远没有现在这么丰富，《毛泽东选集》还不是很普及。这是雷锋能读到的思想最深刻的书籍。

图四十八 摄影师张峻根据雷锋日记，拍摄了这张雷锋在汽车里学习的彩色照片。
日记原文为："毛主席著作对我来说好比粮食和武器，好比汽车上的方向盘。人不吃饭不行，
打仗没有武器不行，开车没有方向盘不行，干革命不学习毛主席著作不行。"这张照片被摄
影师命名为：《粮食武器方向盘》。（摄影 张峻）

"挤"和"钻"：管理时间是成功人生必备

雷锋的"钉子精神"成为他的著名观点之一。从雷锋一天的时间表，我们可以看出，他几乎不愿意浪费一分一秒。所以，他在短短一生中，留下了无价的精神财富。

从今天的角度看，雷锋是一个善于规划人生、自我激励、实现自我价值的典范。他当年自动自发做到的事情，既符合当时的社会价值观，放到今天，同样符合人们追求人生目标成功的价值理念。

高尔基说：书籍是人类进步的阶梯。读书使人进步。无论什么年代，勤读书，读好书，认真读书，受益者永远都是爱读书的人。这也是雷锋给我们的启发。

图四十九 雷锋在团部做忆苦思甜报告。

到部队后，由于 20 世纪 60 年代整个大环境，国家提倡全国人民要勤俭节约，共渡难关。所以，忆苦思甜和新旧社会对比成为端正思想的一个重要方法。雷锋的苦难家史让他成为部队忆苦思甜典型，经常去各地做报告。雷锋为了让大家听懂他的湖南话，还苦练了普通话，他表达能力非常好，说到动情处，经常声泪俱下，听报告的人也都深受感染，报告会经常会响起一片哭泣声。（摄影 张峻）

10. 忆苦报告树典范

雷锋本是自然、本性地做好人好事，但各种荣誉接踵而来。总有人问他为什么要做那么多的好人好事，雷锋就一次次向人们讲起自己的苦难家史。

20世纪60年代初期，三年自然灾害再加上国际形势的原因，中国处于很特殊的发展阶段。在这种情况下，全国各地都在大搞忆苦思甜和新旧社会对比，目的是想让大家端正思想。1960年10月，部队也深入开展"两忆三查"（忆阶级苦、忆民族恨，查立场、查斗志、查工作）的政治教育运动。

当时全军正好要开展忆苦教育，雷锋已经是部队的节约标兵，部队领导认为雷锋的苦难家史就是一部很好的材料，让雷锋为全团作忆苦报告。雷锋的忆苦报告会打动了很多人，开得非常成功。

每次开忆苦报告会，说到悲痛处，雷锋都会满脸泪痕，有时甚至失声痛哭，报告会场也会响起一片哭泣声。因为雷锋的报告非常有感染力，几乎打动了所有听报告的人，原沈阳军区工程兵的领导都接见了雷锋。

全团忆苦大会以后，军区领导决定，派雷锋到东北各部报告，宣传干事张峻则随从摄影。军区领导还送了他一套《毛泽东选集》著作四卷，这套著作后来出现在了雷锋的很多照片里。雷锋起初不太愿意去说自己的事，但是部队领导和他说，他的经历会让更多人通过新旧社会对比，珍惜今天的生活，所以他就非常积极地配合。

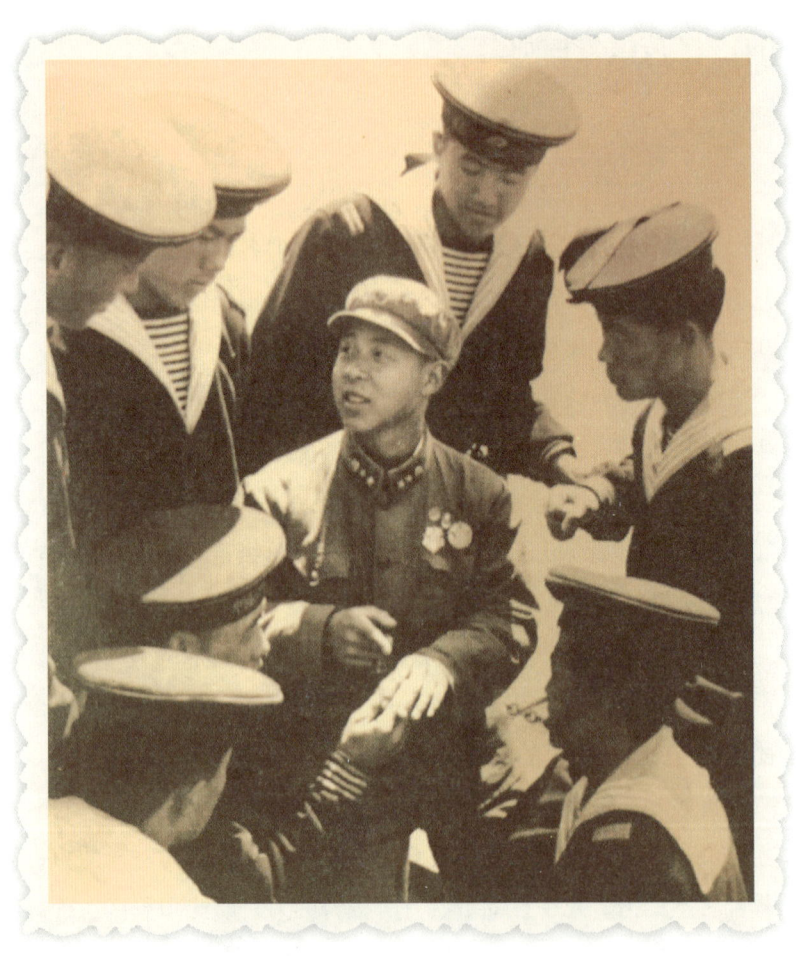

图五十 雷锋起初不太愿意去说自己的事，但是部队领导和他说，他的经历会让更多人通过新旧社会对比，珍惜今天的生活，所以他就非常积极配合。（摄影 张峻）

那段时间，地方企业、事业单位也都纷纷来请雷锋去作报告。当兵不到一年时间，雷锋成了原沈阳军区的先进典型。

雷锋入伍不久，就接连不断地获得部队从连、营、团到军区的各级荣誉，几乎月月都有奖励。我们把 1960 年雷锋入伍一年所获得的荣誉列一下：

7 月 8 日，受到三等功表彰一次；

9 月，被授予"艰苦奋斗节约标兵"称号；

10 月 1 日，荣记二等功一次；

11 月 20 日，再次荣记三等功一次；

11 月 27 日，获得"模范共青团员"和"学习毛主席著作积极分子"称号。

图五十一 雷锋做完报告，听报告的海军战士们在看雷锋被地主砍的伤疤。（摄影 张峻）

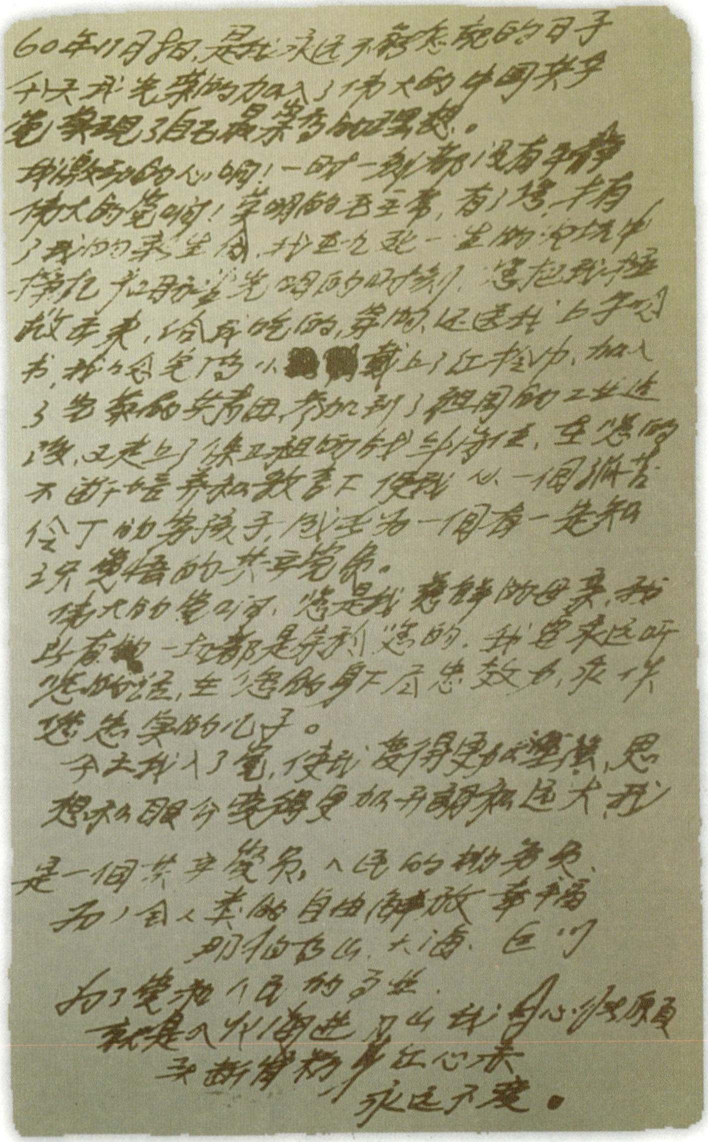

60年11月8日，是我永远不能忘记的日子
今天我光荣的加入了伟大的中国共产
党，实现了自己最崇高的理想。
我激动的心啊！一时一刻都没有平静
伟大的党啊！英明的毛主席，有了您，才有
了我的新生命，我在九死一生的火坑中
挣扎，盼望光明的时刻，您把我从
救出来，给我吃的，穿的，还送我上学念
书，我念完高小，戴上了红领巾，加入
了光荣的共青团，参加到了祖国的工业建
设，又走上了保卫祖国的战斗岗位，在您的
不断培养和教育下，使我从一个孤苦
伶丁的穷孩子，成长为一个有一定知
识觉悟的共产党员。
伟大的党啊，您是我慈祥的母亲，我
所有的一切都是属于您的。我要永远听
您的话，在您的身下当忠实的永远作
您忠实的儿子。
今天我入了党，使我变得更加坚强，思
想水平和阶级觉悟更加提高和远大，我
是一个共产党员，人民的勤务员，
为了全人类的自由解放幸福
那怕是高山，大海，巨门
为了党和人民的事业
就是入火海进刀山，我甘心情愿
头断骨粉，赤红心不
永远不变。

图五十二 1960 年 11 月 8 日，这是雷锋加入中国共产党当天写的日记手迹。

11. 和平年代"火线入党"

雷锋参军后，没有打过仗，都是平常、普通的军营生活，没有战火，却"火线入党"。这一切，都源于雷锋爱国、爱党、爱人民、爱部队的突出表现。

当兵不到 10 个月时，雷锋入党了。在当时的部队，新兵在不到一年内入党，从来没有过。

被发现的雷锋的先进事迹越来越多，影响也越来越大，就雷锋能否马上入党的问题连部又召开了支委会。大家心里都觉得雷锋具备了马上入党的条件，可是因为他入伍时间短就一时难住了。

有人提议，一般来讲，人伍不到一年的新兵是不作为发展对象的，但像雷锋这样特别优秀的战士就应该打破常规。他不仅常年累月做好事坚持为人民服务，而且在他身上还有厉行节约、艰苦朴素的好作风，在关键时刻更是能冲得上去的好战士，就说上个月那次抗洪抢险吧，我们不还给他记过三等功嘛？这在我们团，在和平时期也是首例嘛！

听了这话，大家没有一个不点头的，于是拟定改日再召开一次支部会进行正式表决。

1960 年 11 月初，军区准备召开首届共青团代表会议，特意指名雷锋为特邀代表，催要雷锋的简历。

连部方面根据雷锋的表现，整理出一份有关雷锋事迹的材料，拿给雷锋过目，雷锋见题目写的是《人人都来学雷锋，赶雷锋，

图五十三 这张雷锋擦汽车的彩色照片是当时沈阳军区宣传干事张峻拍摄的。

当年能拍彩色照片是很奢侈的。张峻一共为雷锋拍了9张擦汽车的照片，其中7张黑白、2张彩色的。他为雷锋一共拍过两卷彩色胶卷，共24张彩色照片。那个年代，彩色胶卷非常昂贵，是从德国进口的。那个时候彩色胶卷一般情况下是没有地方卖的，但是解放军画报社可以洗，洗一张八寸照片40块钱，当时张峻每月工资不到80块，张峻的工资洗不了为雷锋拍摄的2张彩色照片。雷锋军旅生涯是951天，即两年七个月零八天。张峻和雷锋在一起的时间前前后后9次，加在一起是79天，给雷锋拍了黑白照片199张、彩色照片24张，总计223张照片。（摄影 张峻）

做雷锋式的好战士》时，想了一想，提笔改成《解放后我有了家，我的母亲就是党》，又改了一些地方才交回连部。团政委听了汇报又看了这些材料后十分满意，立即让有关部门打印成册，下发到营、连、排、班。

雷锋作为特邀代表，部队上上下下都希望他能以党员的身份出席军区团代会。在工程兵组织处的督促下，11 月 8 日，雷锋所在团的支部大会专门召开临时会议，24 名党员到了 18 名，都同意雷锋入党，其他因故未能参加的 6 名党员也在征求意见时表示同意。支部将这个情况汇报给了在沈阳开会的团党委，团党委马上召开了临时党委扩大会，议题只有一项，讨论批准雷锋入党的事。全体党委委员一致举手通过后，团党委就立刻打电话给工程兵组织处，上报军区的雷锋简历，政治面貌一栏可以填写"党员"了。

雷锋拿到入党志愿书时，看了一遍又一遍，有一种从未有过的温暖、幸福的感觉。

是的，共产党曾经把雷锋从苦海里救了出来，又给了他这么多的幸福和温暖。当年他得知彭大叔是共产党员时羡慕又崇拜，如今自己也是共产党员了，从今以后也要响应党组织的号召，听从领导的安排，为人民的幸福而更加努力地奋斗！

那天下午，他在党旗下眼含热泪，坚定地举起了右手。

当时的入党程序很复杂，雷锋入党，整个过程上上下下牵动了很多人，而入党的程序在一两天之内就很快走完了。战争年代的"火线入党"也不过如此。

图五十四 通过一年多的部队历练，雷锋成长很快，不但成为了部队的节约标兵，还成为了忆苦思甜典型。1961 年 8 月，他还被选为抚顺市第四届人民代表大会的代表，开始参政议政了。

12. 盛名之下荣誉加身

1960 年 11 月 23 日，原沈阳军区工程兵政治部做出了"在部队中开展学雷锋、赶雷锋运动"的决定。

11 月 26 日，原沈阳军区《前进报》用两个整版的篇幅，宣传雷锋事迹。

11 月 27 日，雷锋作为立功代表在团党委的授奖大会上讲话。

12 月 1 日，《前进报》继续用一个版的篇幅发表文章学习雷锋，并首次发表《雷锋日记》摘抄。

接下来一周的版面里，《前进报》又找了 11 位雷锋的战友来撰写雷锋的先进事迹，从不同的角度报道雷锋。

接下来的日子中，雷锋陆续获得了越来越多的荣誉。因为是先进典型，雷锋受邀到处作报告。

1961 年 5 月，作为全团唯一候选人，雷锋被选为辽宁省抚顺市第四届人民代表大会代表；7 月，参加了抚顺市第一届人民代表大会第一次会议。

1961 年 8 月，被提升为运输连四班班长。

1962 年 1 月，被批准晋升为中士军衔。

1962 年 2 月，被选为党代会代表，出席中国共产党工程兵十团代表大会。

1962 年 2 月，作为特邀代表出席原沈阳军区首届共产主义青年团代表会议，被选为主席团成员，在大会上发言。

1962 年 5 月，被评为抚顺市优秀校外辅导员。

但是雷锋还有一个愿望没有实现：去见毛主席！

13. 意外离世成英雄

1962 年 8 月 15 日上午，雷锋和乔安山开着 J7-24-13 号嘎斯汽车装着新棉衣回到连里。

雷锋先到连里跟连长报告说他开的那辆汽车到了三级保养时间，要求及早安排保养。然后，他就准备和乔安山一起把车开到有自来水的九连驻地，将车冲刷干净。

连部后边炊事班门前的自来水管边，把车上的泥土用水冲刷干净，下午开始保养。因为这段时间道路上行人少，正是锻炼乔安山驾车的好机会，雷锋就让乔安山开车。在运输连，汽车并不多，每个司机摊不上一辆，只能轮着来，干两天别的，开两天汽车，所以都希望能多点亲自驾驶车辆的机会。乔安山的驾驶技术并不熟练，心里没底，上车后对雷锋说，班长，你在下面给我看着点儿，别撞墙上。

雷锋猛地一摇，汽车"扑腾腾"地发动起来，然后雷锋拿着手摇把子抄近路走向九连伙房。因为九连出外执行任务去了，怕小孩和杂人进营房，就利用道口的几棵树拉上了铁丝网。

雷锋走上前把拦在道上的铁丝网弄了下来。

乔安山把车开到九连连部临时大门口，车就熄火了。乔安山怕撞着房子，不敢开了。他把头伸出车门大声喊雷锋。雷锋跑到汽车前左侧的斜角位置指挥乔安山往前开，雷锋低着头，一边看着轮子，一边喊：开、开、前进。

乔安山突然加大了油门，汽车前轮过了营门，可是后轮却把立在门左边的一根柞木杆子撞到了，碰巧砸在雷锋的右太阳穴处。雷锋当场就倒在地上。乔安山似乎听到了"吭哧"一声，但他全神贯注地开车，并没有想到是雷锋出事了。

　　这时，在附近的战友看见雷锋倒在地上，急忙上前把他抱了起来，发现雷锋的耳朵和鼻孔都出血了，赶紧大喊："雷锋出事了！"乔安山跑过来，抱住雷锋，喊："班长！班长！"

　　乔安山对围上来的战友说："快去找连长"。连长赶紧派人开车把雷锋送到了抚顺望花区的西部医院。"伤势很重。是颅骨骨折，内部出血。有生命危险。"院长还建议去沈阳把自己的老师请来为雷锋治疗。

　　医院抽调最好的医务人员抢救雷锋，尽管大家做了很多努力，还是没有出现转机。

　　院长拿起听诊器在胸前做了最后的诊断，他惋惜地摇了摇头。

　　这时是1962年8月15日12时5分。在场的人顿时失声痛哭，悲痛欲绝。

　　雷锋的生命永远定格在了22岁，定格在他灿烂的微笑中！

　　第二天上午，辽宁省交通厅、原沈阳军区、抚顺市等有关单位人员到事故现场，经过测量、勘察，认定这是一起过于偶然的意外事故。原因查清了，在场的人们都为雷锋感到深深的惋惜。

　　1962年8月16日清晨，抚顺广播电台广播了雷锋因公牺牲的消息。据说雷锋的棺木是当时的抚顺市委书记毅然捐出了自己为母亲备办的寿材；各级单位也都把花圈送来了，花圈多得不可胜数，还有雷锋辅导过的小学生们亲手扎的花圈。

8月17日下午1点，"公祭雷锋同志大会"在抚顺市望花区区委礼堂举行。雷锋的灵枢停放在主席台正中，灵枢上覆盖着鲜红的军旗，军旗上安放着雷锋的军帽。原沈阳军区送的两米多高、扎有彩蝶的花圈浮放在灵枢上面。雷锋身着上士军服的遗像放在正中央，周围是鲜花和松柏。主席台两侧分别挂着"学雷锋不怕苦，不畏难，以行动作纪念，争当五好战士；学雷锋对敌狠，对己和，化悲痛为力量，共练杀敌本领"的条幅。前来祭奠的群众很多，礼堂挤不下，就往院子里站，最后蔓延到大街上。为了能让大家都听到哀乐，在院子里临时架起了高音喇叭。

团政委韩万金致悼词，指导员高士祥介绍雷锋生平事迹，乔安山和他的战友手握钢枪为雷锋护灵。从望花区人民政府大院到抚顺第七百货商店的和平路仅有一公里，但由于马路两旁的人太多，载着雷锋灵枢的车队行驶速度不得不放到最慢，时开时停，用了一个多小时还没走完。群众自动地戴上了白花和黑纱，跟随在车队后面，浩浩荡荡。当时只有70万人的抚顺，就有10万人以上给雷锋送葬，成为抚顺历史上少有的壮观场面。

雷锋安葬在抚顺戈布公墓，雷锋的墓碑上写着：

中国人民解放军三三一七部队班长抚顺市人民代表

雷锋烈士之墓

一九六二年八月十七日

图五十五 1960 年雷锋因公外出时拍摄。（摄影 张峻）

I

离开雷锋的日子

雷锋就像闪耀的星星一样，没有任何征兆地离开了他所热爱的战友们，但是他的影响力却越来越大……

1. 一部电影成就一个人

雷锋牺牲前，和乔安山关系很密切。他们同在鞍钢当工人，同年参军，同时被分配在一个班，又同开一辆车，是一帮一的对子，不管干什么，他俩都是形影不离，犹如亲兄弟。

乔安山无论是在思想上、学习上还是生活上都得到了雷锋无微不至的关怀和帮助。乔安山的袜子破了，扔到垃圾箱里，雷锋捡了回来，洗好、补好又给了他；雷锋教他学文化、学驾驶技术；乔安山的老母亲生病了，雷锋还拿出十元钱、一斤饼干让乔安山带回去，雷锋认为战友的母亲就和自己的母亲一样，觉得是阶级兄弟，有困难就要帮助。乔安山特别感动。

乔安山后来复员到地方，暗下决心要做雷锋精神的传播人，五十多年来，以雷锋为榜样，持之以恒地做着好事。

1997 年，电影《离开雷锋的日子》以乔安山为原型拍摄，还原了真实、质朴的乔安山，在巨大精神压力之下，承受很多磨难，以切实的行动传承着雷锋精神，默默做了很多好事。电影的传播彻底改变了乔安山的人生，也为乔安山卸下背了几十年的精神包袱。这部电影创下了当年票房之最。为此，乔安山也被更多人熟知。每年三月左右，是乔安山最忙碌的时候，他成了宣讲雷锋的超级演说家，即使被疾病缠身，一年中仍然有大半时间在外演讲。这么多年下来,他的报告会超过了 3000 多场，每次演讲内容没有完全一样过，因为他演讲从不备稿，而且"雷锋的故事永远讲不完"。

乔安山说，演讲雷锋是我的责任，只要能动，我就要讲，我就是在用生命讲好雷锋的故事。

图五十六 当年乔安山和雷锋都是鞍钢的工友，雷锋是焦化厂的推土机手，乔安山是炼铁厂的炉前工。1959 年 12 月，两个人一起报名参军。两人还被分到同一个班，后来雷锋当了班长，他们俩共同驾驶一辆汽车。乔安山说，他和雷锋学《毛泽东选集》的合影，有三个摄影师为他们拍过，有很多个版本，都是在汽车上。（摄影 张峻）

2. 后雷锋时代的思考

　　1963 年 2 月 7 日的《人民日报》第二版以通栏标题近整版篇幅和一版要闻登载了关于雷锋的报道，并加了编者按。同日，《人民日报》还在那篇专稿的中间，配发了评论员文章：《伟大的普通一兵》，以及第五版一个整版的《雷锋日记摘抄》、罗瑞卿总参谋长的题词手迹等。

　　党报打破常规以空前的规模，首次向全国亿万人民全面介绍了社会主义新人雷锋的事迹、言行、品德、素质和风貌。

　　1963 年 3 月 2 日，《中国青年》刊出毛泽东主席"向雷锋同志学习"的题词。毛主席给雷锋题词的公布，真正掀起了全国学习雷锋的高潮。

　　3 月 5 日，新华社发通稿，并号召全国人民向雷锋同志学习，这一天被当成了毛主席"向雷锋同志字习"题词的纪念日。先后为雷锋题词的国家领导人有（按照发表顺序）：毛泽东、周恩来、刘少奇、朱德、邓小平、罗瑞卿、陈云等。

　　国家主席和众多国家领导人为一名普通士兵题词，在新中国历史上很少有。1963 年成为"雷锋年"，《学习雷锋好榜样》的歌曲传遍了全国，《雷锋日记》成为学习雷锋必读书目，几乎所有中国人对雷锋的故事耳熟能详，以后几十年直至今天，雷锋成为影响中国人精神生活的重要的道德榜样。

图五十七 1963年3月,《中国青年》杂志出刊。封面用的就是雷锋照片。这期是第五、六期合刊,全面报道了雷锋的情况。(摄影 季增)

图五十八 这是雷锋最著名的照片。

20 世纪 60 年代，在中国，这张照片的发行量仅次于毛泽东像。一位普通士兵的肖像能和一位伟人的像一样传遍中国甚至红遍全球，这是雷锋照片创造的一个奇迹。（摄影 周军）

成功的平凡人——雷锋

雷锋就像闪耀的星星一样，没有任何征兆地离开了他所热爱的战友们，但是他的影响力却越来越大……

到今天，成名于 20 世纪 60 年代的雷锋的形象，在我们眼前依然清晰：

一名满怀远大理想的少年；

一名机灵可爱的新式农民；

一名兢兢业业的通讯员；

一名技术过硬的拖拉机手；

一名豪情满怀的钢铁工人；

一名积极向上的士兵。

雷锋在他短短 22 年的人生中，实现了自己少年时代确立的全部理想，而且实现得比自己的规划还要精彩！

如果按照今天的标准，雷锋也是一个影响力非凡的"大 V"。

遗憾的是在人生的黄金年华，雷锋的生命却突然中止。

纵观雷锋的一生，他是个很平凡的人，做的都是平凡的小事，却取得了不平凡的成功。

雷锋是一位典型的"高效能人士"。所以，雷锋精神并不是与我们现在社会毫不相干，正相反，雷锋在现时代的意义同样巨大。

如果我们都能像雷锋一样清楚地找到自己的人生主线，始终和主导潮流保持一致，始终做主流要求和希望他做的事，并且，始终以积极的态度来呼应主流，通过实现我们的职业梦想来实践我们的人生使命，我们的生活将会更加快乐幸福，我们的人生将会更加充实富足！

看到这里，您也许会有这样的体会吧：成功的平凡人雷锋身上蕴含着丰富的人生内涵。和任何西方励志大师相比，雷锋虽然离开我们快60年了，但是他身上人性的能量却是可以穿越时空，永存于世界的。

雷锋永远都值得我们去学习。

感谢雷锋！

感恩雷锋！

附 录

雷锋：一个时尚士兵的成长

3月份，我写了一本关于雷锋的书——《像雷锋那样》。

书里的观点：雷锋是一个成功的职业规划大师。

这本书想告诉大家雷锋是如何由一个孤儿成长为新中国最知名的士兵的故事。

雷锋是一个道德楷模，做过无数的好人好事，倾心倾力捐过很多善款，也曾经被评为很多的典型、模范、标兵，等等。当时只有22岁的雷锋几乎得到了他能得到的所有荣誉，用我们现在的话说也算功成名就了。

但是，很少有人知道，雷锋其实还是一个非常时尚的人，用他的战友乔安山的话来说就是"非常随潮流"。雷锋究竟是怎么"随潮流"的呢？

一、爱照相的雷锋

雷锋非常爱照相，他一生照过300多张照片。除了后来成名之后，部队因为宣传需要为他照的照片以外，他自己去照相馆拍的照片也有六七十张。

从小学时候戴着红领巾自己去照相馆拍了第一张照片开始，雷锋就没有中断过拍照。在他人生中每一个重要的阶段，他都会拍张照片作为纪念。

从少先队员、农民、共青团员、通讯员、拖拉机手、鞍山工人到成了解放军战士，雷锋留下了大量的照片。照片就像凝固的画卷，留下了雷锋成长的每一个脚印。因为雷锋的生命戛然而止，没有任何征兆。所以雷锋为什么自己每个阶段都要有照片，也就成了一个永远无法解释的秘密。感觉这些照片就好像是雷锋专门为自己人生每一个阶段做的特别留念。这些照片正好也可以让人们看到不同成长阶段，雷锋不断升级的过程和精神面貌的嬗变。

不管是巧合还是刻意，从雷锋的这些照片里，我们可以捕捉到关于雷锋的很多信息：积极、阳光、爱笑、爱美、爱时髦……

二、会照相的雷锋

雷锋不但爱照相，而且很会照相。现在保存下来的雷锋照片几乎都面带微笑，着装也非常时尚、有个性，尤其是雷锋穿着皮夹克的照片就非常典型。

雷锋留下过几张穿皮夹克的照片，有单独拍摄的，也有和工友们的合影。照片上的雷锋上身穿着皮夹克，下身穿着毛料裤子和黑皮鞋。雷锋的这身行头，不仅高档而且时髦。

曾经和雷锋同开过一辆汽车的战友乔安山说，雷锋的皮夹克是在鞍山当工人的时候买的，当年雷锋买那件皮夹克，花了44元钱。而雷锋当时在鞍钢的工资，一个月还不到30块钱。其实雷锋的皮夹克穿了没几次，后来老家的县委书记给雷锋写了封信，教育他要艰苦奋斗，雷锋就把皮夹克放进了箱子，再没有穿过。

衣着穿戴，是个人的爱好、时尚，这个时尚，是暂时的、小的时尚。艰苦奋斗、勤俭节约，是当时整个国家的需要，可以说是国家的"时尚"，这个更大、更高。雷锋，很清楚哪个大、哪个小。

在雷锋成了部队节约标兵以后，影响越来越大，部队还派专职摄影师为雷锋拍过照。雷锋自己去照相馆拍的照片有几十张，而部队专职摄影师为雷锋拍的照片有300多张，加起来雷锋一共有380多张照片。除了黑白照片，雷锋还有彩色照片。彩色照片都是原沈阳军区的摄影干事张峻为他拍摄的。张峻回忆说，为雷锋洗一张彩色照片要花80元，而张峻当时一个月的工资只有不到79元钱。也就是说，为雷锋冲洗一张彩色照片，花费比张峻的月工资还要多。

但是，这些珍贵的影像成为我们今天回顾和体会雷锋精神面貌最珍贵的载体。

三、热爱生活的雷锋

雷锋小时候后是孤儿，解放后在国家的帮助下上了学有了知识和工作，等他有了工资，他就把自己打理得利索、精干。了解雷锋的人说，雷锋是一个人见人爱的小伙子，和人说话的时候不笑不说话，而且很注重仪表。

那个时候圆圆脸的雷锋在自己的额头留下了长长的刘海，显得很时尚，带帽子的时候，为了不把刘海被帽子压得变形，他总是要把帽檐翘得高高的，非常惹眼。

生活中，雷锋自己的居室、处所，乃至给领导和同事整理过的环境，都干净、整洁、有序。这从当时的"新式农民"养猪模范冯健（"雷锋的用具十分简朴，但是摆放得井然有序"）、望城县委书记张兴玉、鞍钢的李师傅白主任、招兵的余政委戴参谋等人满意、赞赏的目光和话语中，非常明显地体现了出来。

在家乡望城县做通讯员时，张兴玉书记要调到岳阳市上任前夕，特意打电话把下乡的雷锋叫回来，合影时安排雷锋坐在前排。这张合影中，雷锋神采奕奕，穿着整齐，白衬衣领子时髦地翻出来，左胸前还插着一支钢笔，装扮得时髦而干练。

在鞍钢当工人时，艰苦的弓长岭工地上，一有工间休，雷锋便掏出竹板，"吧嗒""吧嗒"打起来，给大家说说快板，调节气氛。

登上参军的列车，雷锋就听见边上有人在低声啜泣，原来是两个新兵在抹眼泪。还没到军营，就开始想家啦？雷锋琢磨用点儿什么办法让大家换换情绪。然后，他冲着同一车厢的新兵喊道：战友们，大家今天成为一名光荣的解放军战士，我们一起来唱首歌吧。于是，列车上"雄赳赳，气昂昂，跨过鸭绿江"的嘹亮歌声，冲去了大家心中的悲伤。

这样的例子到处都是，可以说，雷锋走到哪里，就把快乐、欢笑和阳光带到哪里。

不但自己没有任何负面情绪，而且总是把正能量的情绪带给周围的人。

（摄影 周军）

四、踏着时代的节拍前行

雷锋的时尚不仅表现在表面，就是对自己的人生规划也是踏着当时的时代节拍（这可以说是国家层面上的"时尚"）。

小学毕业的雷锋有三大理想：当农民、当工人、当士兵。这在当时都是最时尚、最主流、最吸引人的职业。

去当农民，那是因为当农民有可能成为全国劳模，并可以见到当时每个人做梦都想见的毛泽东主席。后来又做了通讯员，那是因为雷锋发现当农民还不足以实现他的远大理想和抱负，于是雷锋请求偶然认识的人，把自己推荐给县委书记当了通讯员。当通讯员以后，生活工作安稳平静了，雷锋又希望参加火热的国家建设，于是主动申请去治理水库，还幸运地当上了全县的第一个拖拉机手。

当时是国家建设、大炼钢铁的火热年代，中国著名的钢铁公司——鞍钢正好去雷锋老家招工了。他马上放弃了优越的通讯员身份，去当了一名工厂学徒工。等雷锋成为鞍钢的标兵模范以后，他又响应征兵号召，去当了兵，因为当兵才是他的最高理想。

读到这里，你也许觉得雷锋简直太功利了，哪儿是时代的潮流，他就往哪儿走。

其实，雷锋在转换他的工作时，牺牲了很多，尤其是在金钱上就损失很大。雷锋在当通讯员的时候，每个月的收入就已经有三十多块钱了，从通讯员去工厂做学徒，工资一下就降到了二十块钱左右；等他成为鞍钢的模范工人，工资挣到每月将近四十块钱的时候，他又想去当兵了。当兵的时候，每个月的生活津贴只有六块钱。

不用我再多说了。雷锋踏着潮流换工作，是以牺牲自己的高工资作为代价的，换到现在，大多数人很难做到。

作为一个普通人，雷锋的成长非常平凡。但是，雷锋能成为新中国乃至全世界的道德典范，在外国人心中，他甚至与写《道德经》的老子齐名。这并非偶然，因为雷锋身上有很多实实在在的东西。

雷锋虽然是一个普通人、爱时尚的士兵，但是当人们了解了真实的雷锋，又觉得他很不平凡。对于平凡和不平凡，人们可能又会有新的认识。

经过近六十年的沉淀，雷锋精神成为中国的一座富矿，而且是精神领域的富矿！人们从激动、热情回归到现在的平实、理性，反而从这种精神中感受到了由纯良的人性升华为至善的德行的力量。这种力量更持久、更绵长，预计在今后将一直会发散它应有的能量。

平和务实地看待雷锋，这样，受到的启发自然会更不一样。

雷锋精神的实质也会像孔子和老子的思想一样，永远不会过时。

所以，向雷锋学习，不仅变得更具体，也应该可以成为一种习惯！

吴红梅

2007 年 7 月 30 月（第三版）

2021 年 2 月 18 日修改于北京

雷锋档案

曾 用 名：雷正兴

乳　　　名：庚伢子

出生时间：1940 年 12 月 18 日

牺牲时间：1962 年 8 月 15 日

牺牲年龄：22 岁

出生地点：湖南省望城县安庆乡简家塘村

星　　　座：射手座

属　　　相：龙

社会关系：孤儿（七岁前曾经有爷爷、父亲、母亲、哥哥及弟弟）

崇拜偶像：彭乡长、冯健、吴运铎、保尔·柯察金、黄继光

最打动人的经历：苦难的旧社会成为孤儿的悲惨经历

最喜爱的书：《把一切献给党》《钢铁是怎样炼成的》

最大理想：成为一名中国人民解放军战士

最大遗憾：没有见到毛主席

最著名的作品：《雷锋日记》

最值钱的遗物：皮夹克、英纳格表、毛料裤、皮鞋

最有价值的遗产：雷锋精神

学习雷锋最著名、流传最广的歌曲：《学习雷锋好榜样》

影响最大的关于雷锋的电影：《雷锋》《离开雷锋的日子》

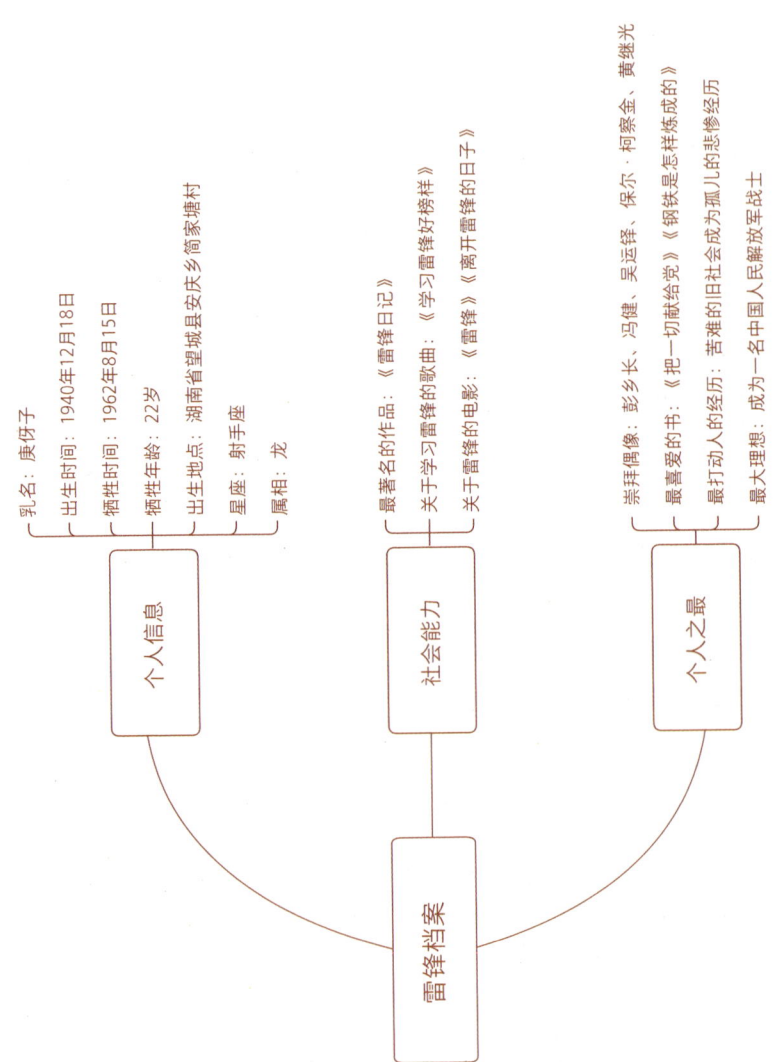

雷锋档案

个人信息
- 乳名：庚伢子
- 出生时间：1940年12月18日
- 牺牲时间：1962年8月15日
- 牺牲年龄：22岁
- 出生地点：湖南省望城县安庆乡简家塘村
- 星座：射手座
- 属相：龙

社会能力
- 最著名的作品：《雷锋日记》
- 关于学习雷锋的歌曲：《学习雷锋好榜样》
- 关于雷锋的电影：《雷锋》《离开雷锋的日子》

个人之最
- 崇拜偶像：彭乡长、冯健、吴运铎、保尔·柯察金、黄继光
- 最喜爱的书：《把一切献给党》《钢铁是怎样炼成的》
- 最打动人的经历：苦难的旧社会成为孤儿的悲惨经历
- 最大理想：成为一名中国人民解放军战士

雷锋生平大事记

1940 年 12 月 18 日	出生在湖南省望城县安庆乡（现雷锋镇）简家塘一户贫苦农民家里。这一年系农历庚辰年，父母给他取乳名叫"庚伢子"。
1947 年秋	父母、兄弟相继悲惨死去，年仅七岁成了孤儿。
1949 年 4 月—5 月	在荣湾镇一带，为地下党组织撒过传单贴过标语。
1949 年 8 月	家乡解放。安庆乡人民政府成立。担任儿童团团长。
1950 年初	土地改革开始。分得 2.4 亩耕地，还有一些生活用品，如床、蚊帐、锅、箱子等。
1950 年夏	入学，在刘家祠堂小学读书。
1954 年夏	考入清水塘完全小学，加入少先队，被选为中队委员。
1955 年	转入荷叶坝完全小学。这年春天，在农业合作化高潮中，把"土改"中分得的 2.4 亩田全部入了社。
1956 年 7 月 15 日	从荷叶坝完全小学毕业。
1956 年 7 月—9 月	在生产队当"秋征"助理员，搞征收公粮工作。
1956 年 9 月	在安庆乡政府当通讯员。
1956 年 11 月 17 日	到望城县委当通讯员。
1957 年 2 月 8 日	光荣加入中国新民主主义青年团，同时被评为县委机关工作模范。

1957 年夏	担任望城县治沩工程指挥部通讯员。治沩工程结束，被评为治沩模范。
1958 年春	响应望城县团委提出的"捐献一台拖拉机"的号召，捐款 20 元，成为全县青少年中捐款最多的一个。 县委决定派他学开拖拉机。
1958 年 3 月 16 日	在《望城报》发表第一篇文章《我学会开拖拉机了》。
1958 年秋	到韶山瞻仰毛泽东主席故居。
1958 年 10 月	由原名雷正兴改为雷锋。
1958 年 11 月 15 日	到鞍山钢铁厂参加社会主义建设。被分配在鞍钢化工总厂洗煤车间当推土机手。之后不久，出席鞍山市青年社会主义建设积极分子代表大会。
1959 年 8 月 20 日	报名到鞍钢弓长岭矿山参加新建焦化厂工作。
1958 年 10 月 | 1960 年 1 月	在鞍钢一年零两个多月的时间里，3 次被评为先进工作者，5 次被评为红旗手，18 次被评为标兵，荣获"青年社会主义建设积极分子"称号。
1959 年 12 月 9 日	弓长岭《矿报》发表《我决心应召》的申请书，表达了积极要求参军的坚定决心。
1960 年 1 月 2 日	新兵换装集中待发。以"便衣通讯员"身份入围。
1960 年 1 月 7 日	经同意，在登车出发前 8 小时，终于穿上新军装。
1960 年 1 月 8 日	入伍第一天。当天下午，作为新兵代表在全团欢迎新战友大会上发言。
1960 年 3 月	新兵连训练结束，被分配到运输连当驾驶员。下连不久，又被抽调参加了团里战士业余演出队。

1960 年 4 月	从团里战士业余演出队回到运输连。一个月后，成为新兵中一名合格的汽车驾驶员，第一个下到战斗班。
1960 年 8 月	参加上寺水库抢险救灾，带病连续奋战 7 天 7 夜，表现突出，团党委记三等功一次。
1960 年 8 月	把平时节约下来的 200 元钱分别支援抚顺市望花区和平人民公社和辽阳洪水灾区，受到部队表彰。被团党委树为节约标兵。
1960 年 11 月 8 日	运输连支部党员大会通过雷锋入党申请。
1960 年 11 月 9 日	工兵团党委正式批准雷锋为中国共产党党员。
1960 年 11 月 23 日	被沈阳军区工程兵党委授予"模范共青团员"称号。
1960 年 11 月 27 日	荣立二等功，作为"模范共青团员"、立功代表在全团授奖大会上发言。 此后，又荣立三等功一次，受团、营嘉奖多次。
1960 年 12 月 1 日	从 1959 年 8 月 30 日至 1960 年 11 月 15 日的 15 篇日记在沈阳军区《前进报》首次发表。
1960 年 12 月	在《前进报》发表署名文章《解放后我有了家，我的母亲就是党》。
1961 年 2 月 3 日	应邀到海城驻军作忆苦思甜报告，与全国战斗英雄郅顺义亲切交谈。
1961 年 5 月	作为全团唯一候选人，被选为辽宁省抚顺市第四届人民代表大会代表。
1961 年 5 月 14 日	被提升为副班长。
1961 年 7 月 27 日	接到抚顺市人民委员会通知书，7 月 31 日至 8 月 3 日出席抚顺第四届人民代表大会第一次会议。

1961 年 8 月	被提升为运输连四班班长。
1962 年 1 月 27 日	被批准晋升为中士军衔。
1962 年春节	在《前进报》发表《62 年春节写给青年同志们的一封信》。在此前后，又在《前进报》发表了《在毛主席的哺育下成长》《我是怎样从一个苦孩子成长为毛主席的好战士的》《做毛主席的好战士》等署名文章。
1962 年 2 月 14 日	被选为党代会代表，出席中国共产党工程兵十团代表大会。
1962 年 2 月 19 日	以特邀代表身份，出席原沈阳军区首届共产主义青年团代表会议，并被选为主席团成员，在大会上发言。
1962 年 5 月	被共青团抚顺市委评为抚顺市优秀校外辅导员。
1962 年 8 月 10 日	写下人生最后一篇日记。日记中写道："毛主席教导我们，'虚心使人进步，骄傲使人落后'，这是千真万确的真理。""今后，我要更加珍爱人民和尊敬人民，永远做群众的小学生，做人民的勤务员。"
1962 年 8 月 15 日	上午 10 时，在指挥倒车时，被撞倒的一根晒衣服的木杆打在头部负重伤。经望花区西部医院抢救无效，于 12 时 5 分不幸牺牲。年仅 22 岁。

雷锋经典日记摘录

1. 一滴水只有放进大海里才永远不会干涸，一个人只有当他把自己和集体事业融合在一起的时候才能最有力量。

2. 一朵鲜花打扮不出美丽的春天，一个人先进总是单枪匹马，众人先进才能移山填海。

3. 我们是国家的主人，应该处处为国家着想。

4. 人的生命是有限的，可是为人民服务是无限的，我要把有限的生命，投入到无限的为人民服务之中去。

5. 对待同志要像春天般的温暖，对待工作要像夏天一样的火热，对待个人主义要像秋风扫落叶一样，对待敌人要像严冬一样残酷无情。

6. 如果你是一滴水，你是否滋润了一寸土地？如果你是一线阳光，你是否照亮了一分黑暗？如果你是一颗粮食，你是否哺育了有用的生命？如果你是一颗最小的螺丝钉，你是否永远守在你生活的岗位上？如果你要告诉我们什么思

图五十九　这是雷锋当兵后的第一个日记本。

当兵第一天，他就把这张心中的英雄黄继光的像贴到了日记本上。

想，你是否在日夜宣扬那最美丽的理想？你既然活着，你又是否为了未来的人类生活付出你的劳动，使世界一天天变得更美丽？我想问你，为未来带来了什么？在生活的仓库里，我们不应该只是个无穷尽的支付者。

7.　青春啊，永远是美好的，可是真正的青春，只属于这些永远力争上游的人，永远忘我劳动的人，永远谦虚的人。

8.　力量从团结来，智慧从劳动来，行动从思想来，荣誉从集体来。

9.　在工作上，要向积极性最高的同志看齐；在生活上，要向水平最低的同志看齐。

10.　单丝不成线，独木不成林。一个人是办不了大事的，群众的事情一定要发动群众、依靠群众来办。

11.　有些人说工作忙，没有时间学习。我认为问题不在工作忙，而在于你愿不愿意学习，会不会挤时间。要学习的时间是有的，问题是我们善不善于挤，愿不愿意钻。

12.　挤时间读书：早起点，晚睡点，饭前饭后挤一点，行军走路想着点，外出开会抓紧点，星期假日多学点。如果不积累许多个半步，就不能走完千里。

13. 一块好好的木板，上面一个眼也没有，但钉子为什么能钉进去呢？这就是靠压力硬挤进去的，硬钻进去的。由此看来，钉子有两个长处：一个是挤劲，一个是钻劲。我们在学习上，也要提倡这种"钉子"精神，善于挤和善于钻。

14. 把别人的困难当成自己的困难，把同志的愉快看成自己的幸福。

15. 高楼大厦都是一砖一石砌起来的，我们何不做这一砖一石呢！我所以天天都要做这些零碎事，就是为此。

16. 一个人的作用，对于革命事业来说，就如一架机器上的一颗螺丝钉。机器由于有许许多多的螺丝钉的连接和固定，才成了一个坚实的整体，才能够运转自如，发挥它巨大的工作能力。螺丝钉虽小，其作用是不可估量的。我愿永远做一个螺丝钉。螺丝钉要经常保养和清洗，才不会生锈。人的思想也是这样，要经常检查，才不会出毛病。

17. 钉虽小，其作用是不可估计的。我愿永远做一个螺丝钉。螺丝钉要经常保养和清洗，才不会生锈。人的思想也是这样，要经常检查，才不会出毛病。

图六十　1960 年 3 月 13 日，雷锋在沈阳演出后的留影。

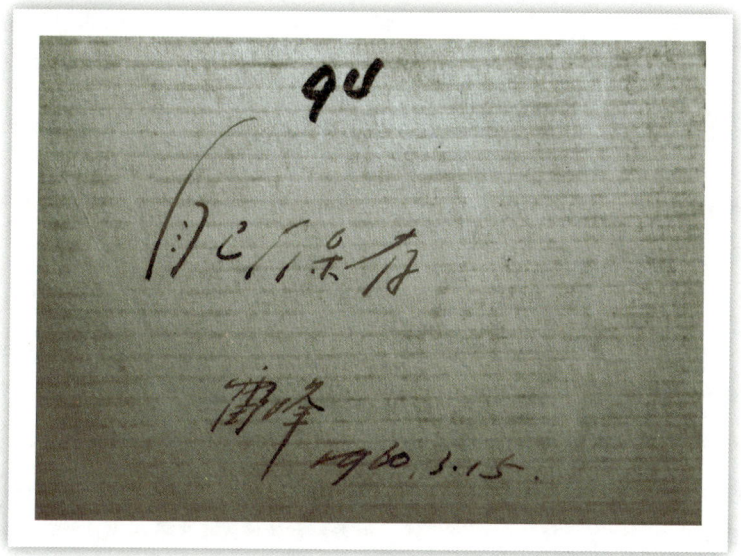

图六十一　雷锋手迹（1960 年 3 月 15 日）。

我们再次被感动——各界人士感言
（2007年第一版）

　　雷锋之所以称得上是全国人民的榜样，不仅是因为他有一腔热情，更重要的是他的直觉、思维和视野。作为一名受教育程度并不高的"普通老百姓"，他能够屡次在职业生涯上急转弯，处处把自己放在国家需要的"主流"当中，激流勇进，是非常值得深入思考和学习的人物。

　　雷锋的职业生涯如果不是组织上安排的，而是自己琢磨出来的，他就是中国1949年后第一位职场高手。

——Mozilla公司前全球总裁　官力

　　记得小时候我就是唱着《学习雷锋好榜样》开始我的学习生涯的，但本书作者又让我得以从一个全新的角度重新学习了一次雷锋。做一个"有理想、有抱负"的人，这样的教育也接受了无数次，但为什么要去这么做？这本书使我获益良多。

　　在现代管理当中，我们一直强调一个"milestone"（里程碑）的概念，作者非常通俗地以雷锋的故事诠释了这个概念。事实上，这样的理念和方式不仅仅适用于个人的发展，而且可以运用于企业管理和组织发展的各种事务当中。我曾经在有关企业管理的论述中提出："企业运营的影子部分，实际是一个不断地预测将来、执行预测并根据实际反馈不断修正预测的预测修正体系。"这个很绕口的理论描述，如果用雷锋的故事来解析，可能就会非常清晰了。

现在的世界已经不再缺乏理论的定义，但如何清晰地解释理论并让别人很容易地接受，这就不是一件很容易的事了，本书是一个典范。

——SAP 中国区原副总裁 黄骁俭

学习雷锋精神要与时俱进，与一定的社会实践结合，不然雷锋精神就会失去生命力。

以雷锋对自己的人生进行自我规划、自我激励直至自我实现这三个"自我"为核心，告诉人们特别是青少年应该如何像雷锋一样学习、工作、生活，实现人生价值。这些全新观点在今天具有引导作用，和"雷锋精神过时论"形成了鲜明对照，使雷锋精神的生命力得以很好地延续，会在和谐社会的建设中起到应有的作用。

——中国人民海军原副政委 冷宽

在雷锋22年短暂的生命里所蕴涵的那种大善，既具有质朴无华的本质，又迸发着无限的冲击力，这股力量之所以如此强大，是因为它源自人类被自然所赐予又经过恒久的社会化所提炼而成的天良。这种天良以一种态度表达在人际之间，变成了至仁的大爱。因着苦难与快乐的反差，因着压抑与自由的对比，雷锋懂得了至纯的感激，而为了宣泄这样的感激之情，他要设计自己的人生，他要规范自己的言行，他要奋进去获取更大的能量，他要去感染更多的人加入人类美好事业的洪流中来。

细看雷锋的所作所为，桩桩件件的确都是平凡无奇的小事，雷锋本人也是一个其貌不扬的小人物。然而正因为如此，雷锋才有了如此的亲近之感，才产生了如此无限的魅力。他的作为可能是我们的举手投足之劳，他的形象可能是我们身边的老张、小李。但是，他是我们每一个人心中的典范！

——对外经济贸易大学中法工商管理学院原院长 刘宝成

作为一个企业经营者，我有一个习惯，就是对人投资而不是对项目投资。可以说，雷锋是一个人才，无论在那个年代还是在现在这个年代，如果碰到雷锋，我相信，很多企业家会对他投资。用行动成功学方法来分析，雷锋对自己的个人生涯有目标管理，不仅如此，他对自我的目标又做到了完美的时间管理和行为管理，这样的人就是企业经营者要找的人才。

什么是人才？人才就是有自我管理能力，然后将自我管理融入到社会管理中。

有人说，成功一定有方法。雷锋的成功有他的方法，作为社会人来说，值得每个人学习。

——恒源祥集团董事长　刘瑞旗

我常常觉得，在我们的成长中能有雷锋这个榜样是一种幸运，我们能够向雷锋同志学习是一种幸福。我们受到过委屈，是雷锋使我们变得坚强；我们遇到过困难，是雷锋使我们变得乐观；我们赢得过荣誉，是雷锋告诉我们谦虚；我们面对过诱惑，是雷锋使我们变得清醒；是雷锋使我们在平凡的岗位上兢兢业业，是雷锋使我们在清苦的日子里乐乐呵呵，是雷锋使我们在人生的征途中一步步向上攀登……

今天，雷锋对于我们已不仅是当年幼小心灵中做好事的解放军叔叔，他更是一种精神状态、一种工作姿态、一种思想境界和生活态度。不仅仅是在每年的3月，我们这茬的很多人很多时候都会想起雷锋，想起雷锋就是想起我们当年的理想和追求，想起雷锋就是想起我们曾经拥有的青春和激情，常常想起雷锋我们，就会觉得自己还很年轻。

雷锋精神是人类美好情操的代名词，必须存在并且必须永远存在下去。如果连这种精神都被否认了，那说明人类的堕落已无可救药了。

——领导力发展专家　田文捷

在我们眼里，雷锋就是一个平凡而伟大的人。

雷锋所有的事情看起来平平凡凡，但是积累到一起却熠熠生辉。

雷锋心态非常好，甘于平凡，乐在其中。

现在的社会在剧烈嬗变，人心浮躁，很多人不甘于做小事、有利于老百姓的事，而追求功利主义和既得利益，很多人不能平和地对待人生。

但是，人生活在社会上一定要有轨迹定位，有了定位和目标，从平凡的小事做起，才能慢慢接近自己的理想。雷锋只有22岁，像他这样的年纪，能做到脚踏实地、一点一滴地为自己的理想去努力非常难能可贵！

雷锋是一个在平凡和普通中寻找快乐的人！

《离开雷锋的日子》虽然已经拍完很多年了，拍摄的时候感受很深，直到今天雷锋依然对我们的为人处事有很大影响。

作者能结合今天的现实，来重新解析雷锋，和我们当年的初衷一样：都是希望雷锋能对今天的人们，尤其是对自己的定位困惑的人，有所触动，有所启发。这是一件值得称道的好事。

如果因此能再次唤起人们对平凡而伟大的雷锋的认真反思，更是一件值得称道的好事。

——《离开雷锋的日子》制片人王浙滨、编剧王兴东

我们再次被感动——关于雷锋的感想
（2009年第三版）

最近热播的电视剧《士兵突击》演绎了一个别致的现代榜样，剧中笨得几乎有点傻的许三多一步步走向成功，成为军中的顶尖级士兵。他信奉"不抛弃不放弃"，总是认真去做每一件事，凡事都认真，哪怕是军营只有他一个人也照样和平常无二，因此许三多成了榜样。

为什么被人称为"傻子"的雷锋和"笨笨"的许三多都能成为榜样？

因为他们的作为都是发自内心的，所欲的东西都是自己内心所想，由衷地发自心底。这就破解了所有人的心结。人是有自己欲望的，做社会的楷模和榜样不是靠压抑自己的欲望去赚取公众的尊敬，而是发自内心去做事。能不能成为榜样取决于每个人自己的内心品德如何，而不是刻意打造。榜样是一种境界。他们的成功在于能坚持"欲能随心"，榜样是这样，学习榜样何尝不需要这样呢？

——中央广播电视总台财经中心总监助理、高级编辑　陈红兵

雷锋，这个名字是一个能代表中国道德水准的重要文化符号，也是新中国道德层面一张永不过时的亮丽名片。经历了四十多年岁月的沉淀，这个符号日益彰显出了他独特的魅力：雷锋虽然有常人很难逾越的道德高度，同时也是人们能触手可及的精神参照。

《像雷锋那样》对于雷锋是本土励志榜样的全新阐释，让人们认识到，曾经高不可攀的道德榜样——雷锋也走下了神坛。本书对雷锋精神人文含义

的重新解释，使得雷锋这个当年的英雄人物回归平凡、本色，易于亲近。与时俱进的雷锋精神又将成为当今社会的一大亮点。

——中央广播电视总台华语中心《健康中国》制片人　董鑫

经历了近半个世纪，雷锋这个普通的名字并没有随着时间的流逝而被人们遗忘。他并没有惊天动地的业绩，也没有惊世骇俗的举动，但他的思想行为却不断地被人们研究、理解和发掘，不断地激励着一代又一代的年轻人。雷锋之所以有这样的感召力，是因为他的一切都源自行动，如今这位在职场生涯中一路成功的榜样，又带给了我们新的启示，从而完成了从道德楷模到励志榜样的完美衔接。

——原中国人民解放军总医院医学专家　李继华

在22年的短暂生命中，雷锋赢得了上自国家领导人下至人民群众的广泛赞誉。但是，即使是在那个时候，仍然有些人说他是"傻子"。当历史进入21世纪的时候，当人们的思想经历了形形色色思潮的洗礼和嬗变之后，当人们在市场经济的大潮中经历了最初的躁动和茫然之后，在我们的社会中，在我们的时代，需要大量像他这样的"傻子"。没有雷锋式的"傻子"的团队，将不可能是团结和谐、战无不胜的团队；没有雷锋式的"傻子"的社会，将是一个缺乏友爱情义、自私自利的生物群落；没有雷锋式的"傻子"的国家，将是没有高尚道德张扬、缺乏生机的国家。未来属于雷锋这样的"傻子"，世界是属于雷锋这样的"傻子"。我们呼唤更多雷锋式的""傻子"！

——原清华大学就业指导中心主任　祁金利

20 世纪 60 年代、70 年代包括 80 年代的大部分，雷锋精神在全国上下普遍存在，学校倡导的是做一个雷锋式的好学生，社会倡导的是做一个雷锋式的好公民，政府更是以一种实际行动来弘扬着这一时代精神。到了物欲横流的时代，精神的匮乏远比物质带来的贫穷要危害得多。如今《像雷锋那样》再次赋予雷锋励志榜样的新内涵，证明了蕴藏着丰富和纯粹的人性内容的雷锋精神在当今时代，越来越显示出博大繁丰的底蕴。

——资深媒体人士　于燕燕

　　雷锋既不是圣人，也不是伟人，但他却是一个伟大的人。说他伟大，并不是因为他做了什么惊天动地的事，而是因为他的平凡。雷锋就是一个鲜活的普通人，雷锋在每个岗位上都积极努力，他的才华、热情、爱心和为人打动了周围的每一个人。我们学习的就是我们身边的一个榜样而不仅仅是一个名字、一种符号。世界上有人类的地方都需要爱，雷锋精神的精华就是一种爱，而且是一种大爱、一种博爱、一种超越国界的爱。

——雷锋的战友　乔安山

　　当今的社会是一个多元的社会，也是在不断变化的社会。这期间个人核心价值观也在不断调整。这个时候任何精神层面的探讨都是有意义的。雷锋精神虽然源于 20 世纪 60 年代，但是以"螺丝钉精神"、无私奉献为核心的雷锋精神，在当今这个时代又有了新的拓展和新的诠释：雷锋除了是一个完美的道德楷模，还是一个完美的本土励志榜样。这一点对于年轻人，特别是准备踏入职场的青年学生有特别的借鉴意义。

——山西大学历史文化学院教授　行龙

这是一个令人迷惑不解的现象。在价值观念多变的今天，雷锋作为将近半个世纪前一个没有惊天动人事迹的英雄人物，为什么仍然有着那么大的影响？本书着力从雷锋平凡的行为和言谈中挖掘出"雷锋精神"中那些超越时代和国界的人类共同价值观的内涵，并用生动灵活的语言和丰富多彩的形式表现出来，是一个非常成功的尝试，将会成为"雷锋精神"在新时期发扬的巨大推动。

——清华大学苏世民书院院长、教授、博士生导师　薛澜

艰苦奋斗、助人为乐、爱岗敬业，用自己短暂的一生践诺"为人民服务"的理念。这是我们通常对雷锋精神的理解，但从《像雷锋一样》一书中，我读到了一位成功者最重要的思想。

"利他"精神。雷锋在人生各个关键节点上勇于放弃眼前优越条件，缘于"利他"精神的驱动，为了祖国的需要而追求人生价值的最大化。"利他"精神，是社会和谐的道德基石，也是商业社会最宝贵的成功哲学。在经营企业时也要体现"利他"精神，正是传承这种"利他"精神，无论是个体还是群体才能从无到有，逐渐成长。

——湖南步步高商业连锁股份有限公司董事长　王填

我们再次被感动
（2021年4月第五版第二次印刷）

高大全的偶像是神，不属于我们这个世界。

真实的雷锋首先是一个平凡的人，有血有肉，可亲可近。

独具慧眼的作者当初跟我们一起走遍中国，发现了真实雷锋的点滴故事，并通过十五年的挖掘整理，让这汪泉水汩汩流淌，滋润人们的心田。

看过这本书，你会发现，雷锋还活着，就在我们身边，甚至就是我们身边的你我他……

——中央广播电视总台华语中心纪录片部制片人　丁樵

如果我们在童年时，遇到正能量的积极引导，就会对自己这辈子产生意想不到的作用。童年时，雷锋叔叔为我们当辅导员的经历，成为我一生的荣耀，也激励着我在平衡好家庭、工作之后，把大部分业余时间投入到学雷锋行动中去。树立学雷锋的决心容易，但能一以贯之践行，需要极大的定力和耐力。

我所有人生的动力都来自雷锋精神的激励，当大家了解了真实的雷锋以后，就能找到我一生为什么总是积极、快乐的秘诀了。

——雷锋辅导过的学生　陈雅娟

在五十九年前，雷锋是好农民、好工人、好战士，如果换成今天的标准，可以说，雷锋始终都是个好员工。雷锋自己有四句经典的话，刚好概括了他的职业准则，让我们来重温并体会。

对待同志像春天般的温暖——职场人际准则，你怎么对别人，别人就可能怎么对你。那么，如果别人对你不够客气呢？你照样像春天般温暖，并且坚持，看他能坚持多久！

对待工作像夏天般的火热——敬业爱岗，全情投入。无论你出于什么目的和想法，工作和你的关系肯定是相对应的。你多投入，可能多得到回报，也可能不会（有可能是方法不对）；但是如果你不投入，就一定得不到回报。

对待缺点像秋风扫落叶一样——不断改进、提升自己，哪怕每天只进步一点点。

对待敌人像冬天一样冷酷无情——上阵杀敌，这可能是雷锋惟一没有实现的愿望吧。商场如战场，不过，当今商业社会的规则已经改变，从你输我赢无平局的游戏变为共赢了。如果雷锋仍在，他一定会与时俱进的。

……

事实上，分析雷锋的职业生涯，我认为，他最大的优点，就是强烈的角色意识：始终和主导潮流保持一致，始终做主流要求和希望他做的事，并且，始终以积极的态度来呼应主流。

……

雷锋有个性吗？当然有啊。他的坚持、他的开朗，甚至跟别人开玩笑，像阳光般温暖的性格。

雷锋有朋友吗？当然很多啊。而且包括乔安山这样的战友们，在雷锋身后的几十年里，仍然还惦念着他，还在述说着他的故事，也还在受到他的巨大影响。

雷锋的工作生活平衡吗？当然平衡啊。他喜欢照相，他有时髦的皮夹克、瑞士手表……他热爱工作，也热爱生活！

雷锋真的值得我们去学习。

——儒家智慧学者、太极创新管理专家、电视主持人、策划人　孙虹钢雷锋成功当兵的过程，完全是雷锋才华全面展示、善于博取机会的过程。我们对西方的管理咨询发展做了一个归纳后发现：150年前西方管理学对企业领袖的描述，着力点放在品格上，比较看重人的勇气、良知、贡献……后来重心转移到领导技巧层面，如何在公众环境下表现自己、影响别人……现在又回归到了品格层面。真正伟大的领导，品德部分是基础，技巧建立在品德之上。技巧只是冰山上面露出的一个小角，高尚的品德才是真正的竞争力。

　　外企招聘员工最看重两个方面：一是能力，二是人品。能力包括考察一个人所获得的知识和拥有的沟通表达技能。人品包括一个人有多大的成就动机和是否有诚实高尚的人品。其中，人品又是考察的关键。因为知识技能可以培养，沟通能力可以训练，而人品的磨炼却不是一件容易的事。

　　能力和人品俱佳的雷锋，如果在现在的职场，也一定会引起人们的高度关注。

——原思科中国区副总裁、人力资源专家　李建波

　　雷锋在平凡中闪烁着伟大，就是一个把小事做到极致的人。学习雷锋，就是要用满腔热忱去对待我们工作生活中的平凡。

——电子工业出版社原总编辑、资深出版人、策划人　李新社

　　雷锋是一位生活家。他非常热爱生活，爱美，时尚，善于从平凡的生活中挖掘出价值。《雷锋日记》里有段话："如果你是一滴水，你是否滋润了一寸土地？如果你是一线阳光，你是否照亮了一分黑暗？"这段话，就是他善于发现生活中闪光点的最好佐证。我们应该像雷锋那样，做有价值的"一寸土地""一线阳光"。

——中国国家博物馆画家　李新声

雷锋的成功不是偶然的，他具备了作为一个成功人士的很多品德，他有目标、有行动，善于抓住对自己有利的机会并锲而不舍。比如：为了实现当兵的理想，他充分发挥自己的沟通能力，锲而不舍地坚持直至实现了自己最大的愿望。所以，现实生活中，如果我们都能像雷锋那样做，想不成功都很难。雷锋虽然是五十九年前的榜样，直到今天依然值得我们学习，尤其是年轻人，如果能从雷锋的经历中领悟到一些人生真谛，一定会终生受益。

——原西藏电视台主持人　梁音

琐事，是磨炼人的沙粒；琐事的磨炼，让人性情柔和且耐实；琐事拼合起来，就是一面镜子，它折射一个人的真实个性；琐事的垒叠，就是人生的打磨；琐事的链接，就是生命与意义的结合。我不相信雷锋的内心不曾讨厌琐事，但正是雷锋与琐事的博弈，孕育出了不平凡的英雄个性。今天，人们仍然会在自己的工作岗位上面临琐事，也许琐事就是你的工作，但琐事里隐藏着无限机遇，你的上司和你的上司的上司也许正在借此观察着你的行为与能力。

——中国社会科学院原文学研究所研究员　安兴本

"寒门出孝子"，这是老祖宗们总结出来的，而雷锋正是这句老话的一个例证。雷锋苦难的幼年生活背景，使他的内心积聚了改变命运的强烈愿望，而不幸成为孤儿，使他没有机会孝敬自己的父母，在以后的日子里，他就把人类这种最起码的道德感情，转移到了周围所有人的身上。现在有些孩子因为自己是农村出身，或者自己家庭背景不够显赫，就自卑、怯弱，甚至产生一些扭曲的人生态度，这非常可怕。其实，门第观念、出身论调是封建社会的产物，你若仍然因此而苦恼，只能说明你还没有进化好，思想观念还停留在陈腐的墓地里。

——北京大学教授、伦理学家　魏英敏

关于雷锋：十五年后再回首

"雷锋"，作为一个家喻户晓的榜样人物，多年来在如我一般一代代青少年心目中的光辉形象一成不变，但十多年前一次偶然的相遇，听到一位采访雷锋故事的原中央电视台纪录片导演吴红梅女士给我讲解她所发现的雷锋，一个完全出乎我的固有认知却更为丰满、真实的雷锋形象豁然出现在我的脑海。

雷锋是怎么脱颖而出的？为什么他在如此短暂的人生中却能成为如此高境界的精神文明标杆？通过吴老师的采访和雷锋身边人物的描述，我们可以发现这一切绝非偶然，再对应到当今时代、对应到职场，一个有理想、有目标又有积极行动力的职场表率呼之欲出，这难道不是雷锋精神在新时代背景下又一次很好的解读吗？

抱着这样的想法，我鼓励吴老师不要停留在纪录片层面，一定要把这些非常有意义的生动故事写成书，广为传播，完成对雷锋精神符合时代需求的全新阐释。于是作为策划人和出版人的我，和很多热心友人一起，推出了首版图书——《像雷锋那样》，该书出版后获得了广泛的好评。

一晃十多年过去了，今天，欣闻这部书增补出版发行，将雷锋自我规划、自我激励和实现自我价值的过程更加丰满、深入地呈现了出来，我为作者多年来持续的传播工作所感动，也为当年抱着满腔热忱一起辛勤工作促成不一样的雷锋故事出版传播的朋友们初心不改而感到欣慰，更赞赏中央编译出版社同仁们的远见与勤勉。

希望更多接力者一起努力，让更多的人真正了解和学习雷锋，让雷锋精神在新时代继续焕发其永不褪色的青春之光，定不负雷锋所代表的为祖国、为人民、为真善美而不懈奋斗的时代使命!

——资深策划人、中信出版集团战略总监　陈非

十几年过去，竟再次邂逅!

与其说看上去是一个人和当初参与策划、编辑的一本书的缘分，毋宁说其实每个人都与那些不朽的价值观念，有着不曾了断的底层连接。

我们与雷锋的不了情，没完没了。

十几年间，我逐渐走到心理咨询临床专业的路上，和青年学子、职场新人打交道，是我的日常工作。目睹、感受、理解着当下年轻人在学业发展、未来方向选择上的困惑，体会到的是"社会兴趣"缺失对个人成长的影响，其实竟也因之形成某种时代痛楚⋯⋯

时代属于年轻人，年轻人对年轻人，才富有切近的影响力。于是，雷锋的"再现"，势在必然。

雷锋始终属于年轻一代，不仅仅因为他22岁的年华，更缘于他每走一步路，都紧紧契合社会发展的主流趋势。而将个体的兴趣点，完全融合进社会的大潮流之中，还能在其中搏得真实、畅快，这是机缘，更是眼界、心胸与价值选取的能力。这本书让我们看到，雷锋能活出自己现象级的绚丽人生绝非偶然，同时帮我们呈现出他身上那些可借鉴、可复制、可训练的经验。一起来吧，你会坚信——

雷锋不朽!

——本书初版责编、心理咨询师、中国探险协会
心理研究与应用中心主任　孙聿为

后记
（2021年增订版）

在写这篇后记的前两天晚上，我和远在外地正在读高三的外甥，有过一次关于雷锋的对话。他说，给他的英语老师看过《像雷锋那样》这本书，英语老师对他说，这本书写得真好，还说原来确实不知道真实的雷锋是什么样，仅仅以为雷锋就是那种被宣传得比较高尚的人，没有想到雷锋其实就是跟普通人一样，也是有血有肉，感觉这样的雷锋才是真实的人。这样更接近普通人的雷锋，更容易让人接受。

《像雷锋那样》最早是在2007年3月出版的。14年里，这本书一共再版过四次，重印过十几次。如今是第五次修订出版，又增加了新的文字和照片，这样就基本上较为完整地展现出一个真实的雷锋，书名因此改为《真实的雷锋》。

从第一次出版到今天修订再版，参与这本书的专家和朋友们的生活都发生了很大的变化，物是人非，但是雷锋给人们带来的影响却依然在延续。

这十几年间，传播介质也发生了很大变化，人们获取信息的主要途径，由传统媒体转变为互联网、短视频等新媒体，人们获取信息的速度，也越来越快。时代也在从重物质逐渐变得开始关注精神世界是否充盈，人们更注重思考人生的价值取向。

2020年是不平凡的一年，全世界都正在经历着一场罕见的大疫情，人们无论从物质还是心理都经历了前所未有的变化，这种变化是世界性的。这年的冬天，在出版界朋友的建议下，经过两个多月的反复思考和精心整理，这本《真实的雷锋》得以呈现在大家面前。这本书在《像雷锋那样》的基础上，对于雷锋作为普通人成长的故事又进行了更详细的展示、更深入的提炼。结合十几年前的采访，我重新访问了和雷锋接触过的亲历者，解答了很多人对雷锋的疑问和误解。我发现，尽管"变"是主旋律，但至少雷锋如下的精神价值没有变：让不可能变可能的坚毅与自信、失小家得大家的格局、合着时代的节拍规划自己的人生并求得人生规划的实现乃至圆满，等等。

本书中关于雷锋的故事都有据可依，通过"雷锋故事＋珍贵照片＋采访手记"的方式，为大家鲜活地呈现了一个自信、感恩、勤奋、热爱生活、积极乐观、大爱至善、对人生有清晰的规划和目标的雷锋，这样的雷锋与我们的生活更加贴近，也更加符合雷锋的真实。

如果您看完这本书，可能对于雷锋作为普通人为什么能成为 20 世纪 60 年代国家精神的一种象征，会有更深刻的感受。希望雷锋有血有肉的形象对今天的人们和社会不仅能有积极的启发，而且更可参照。

感谢为雷锋拍照的摄影师张峻、季增老师，两位老师虽然离世，但是他们的家人依然为我们提供了雷锋的珍贵照片。

感谢一直积极推进这本书一版再版的好友王凯博、傅豫波、陈非、孙聿为、高晓岩等好友的支持！

感谢专家团的诸位前辈和至亲好友的倾力推荐！

吴红梅

2020 年 2 月 7 日于北京

扫码可听雷锋生前珍贵录音片段

参考资料

（1）陈广生 、崔家骏：《雷锋的故事》，解放军文艺出版社 1990 年版；

（2）雷锋：《雷锋全集》，华文出版社 2003 年版；

（3）王兴东、陈宝光：《离开雷锋的日子》，解放军文艺出版社 2003 年版；

（4）孙建和、殷云岭 编著：《雷锋传》，中国青年出版社 2003 年版；

（5）张峻：《永恒的雷锋——雷锋照片纪事》，辽宁人民出版社 2000 年版；

（6）学雷锋基金管委会 编：《雷锋照片大全》，解放军文艺出版社 2012 年版。